Vivre HO'OPONOPONO en famille

Une sagesse millénaire pour parents et enfants d'aujourd'hui

Nathalie Lamboy

Vivre HO'OPONOPONO en famille

Une sagesse millénaire pour parents et enfants d'aujourd'hui

hachette
FAMILLE

À ma fille, Roxane, qui m'a appris à reconnaître l'Amour inconditionnel…

SOMMAIRE

INTRO-
DUCTION

La sagesse hawaïenne a traversé les océans et les siècles, pour venir nous rappeler à l'essentiel de la vie, être soi. Aujourd'hui, Ho'oponopono est une méthode d'épanouissement personnel qui se développe dans le cœur de celles et ceux qui veulent dépasser leurs peurs et leurs limites, au lieu de se sentir dépassé par elles.

Être maman, être papa, c'est à la fois magnifique et difficile. Les questionnements sont nombreux et, à l'ère de la surinformation, les réponses semblent se contredire. Comment trouver la bonne réponse ? Et si l'on se trompe, est-ce que l'enfant va en souffrir ?

La première vertu de la sagesse hawaïenne est de vous redonner confiance en vos choix. Régulièrement, les émotions les plus désagréables envahissent votre esprit et prennent le monopole de votre humeur, comme la culpabilité, cette méchante fée qui vient relever chacune de vos erreurs. Avec la méthode Ho'oponopono, il n'est plus question de vous laisser faire. Telle une baguette magique, vous utiliserez son pouvoir pour vous dégager des sentiments négatifs.

Une autre qualité de cette pratique millénaire est de vous apporter le soutien dont vous avez besoin au quotidien. Être parent est bien plus qu'un travail à temps complet. On se couche papa ou maman, on se lève papa ou maman, et entre-temps, aucune pause, aucune relève, juste vous et votre responsabilité de parent. Comment envisager d'être « soi-même » dans ces circonstances ? Pourtant le secret est bien là. Plus vous serez aligné avec vous-même, plus vous serez en adéquation avec votre rôle de parent, car c'est à partir de vous que tout se réalise et se transforme.

Pourquoi utiliser Ho'oponopono ?

Les doutes vous submergent lorsque vos proches vous font remarquer votre tendance à surprotéger votre enfant. La crainte de ne pas avoir été suffisamment clair auprès du médecin vous assaille au moment de donner à votre enfant le traitement prescrit. Le choix de la crèche, de la nourrice, de la baby-sitter, de l'école vous fait passer de sombres heures d'hésitation. L'envie de jeter l'éponge vous surprend au milieu du supermarché. La honte surgit après avoir crié à pleins poumons votre colère sur cet enfant que vous chérissiez quelques minutes plus tôt. Toutes ces situations seront enrayées dès que vous aurez entamé votre démarche intérieure avec Ho'oponopono.

Quels bénéfices vos enfants peuvent-ils retirer de cette pratique ?

Avoir un parent prêt à s'investir dans une technique d'épanouissement personnel est un cadeau inestimable. Tous les enfants devraient avoir auprès d'eux des adultes qui osent se remettre en question. Cette démarche apporte une énergie de renouveau nécessaire à leur développement. D'autre part, si l'on veut enseigner la bienveillance et la compassion à ses enfants, il est important qu'ils se familiarisent avec ces émotions. Grandir dans un environnement où règnent déjà la bienveillance et la compassion est possible grâce à la méthode hawaïenne.

Est-ce que Ho'oponopono va aider vos enfants à se protéger des autres et de ce monde ?

La magie de cette méthode est qu'elle permet d'apprendre à surmonter les obstacles, à relever des défis et à vivre avec les autres. Votre enfant a besoin de grandir dans la confiance en ses capacités et dans l'humanité dont il est un représentant inestimable. Grâce à la pratique quotidienne de la sagesse hawaïenne, il devient possible de révéler le meilleur de soi, de l'afficher sans crainte et de vivre pleinement sa destinée.

Vous n'êtes pas seulement le parent protecteur et nourricier dont votre enfant a tant besoin, vous êtes aussi son modèle et son inspiration. Pour que cette méthode se révèle efficace, il est important de vous l'approprier afin de faciliter sa transmission. Ce livre est là pour vous y aider.

Est-ce qu'avec cette méthode votre enfant cessera de crier ou de refuser son repas ? Je ne le pense pas, mais vous aurez la clé pour réagir de façon plus adaptée malgré la fatigue de la journée. Est-ce que vous aurez l'assurance d'avoir été un bon parent ? C'est plutôt vers ce chemin que la pratique hawaïenne tend à vous amener. Pas à pas, vous entrerez dans une autre vision de la vie et vous comprendrez que vous avez le pouvoir de changer le cours de votre existence, pour eux, pour vous.

CHAPITRE 1

Une sagesse millénaire pour les parents d'aujourd'hui

La première fois que j'ai entendu parler de la sagesse du Ho'oponopono, j'ai pensé que c'était une blague. Il est difficile d'associer la notion de sagesse à un tel nom. Pourtant, dans la langue hawaïenne, le mot *pono* représente la justice, la droiture. Le fait qu'il soit cité à deux reprises dans ce mot implique une signification particulière : « **avoir la volonté de rétablir l'harmonie**. »

Ho'oponopono n'est donc pas une blague, mais une méthode de réconciliation que les autochtones des archipels d'Hawaï déclenchaient quand, au sein de leur communauté, certaines personnes n'arrivaient pas à sortir des conflits. Le rituel était mené par le chef de tribu ou le chamane. L'ensemble du groupe était présent, car chacun avait conscience que si un conflit existait entre ces personnes, c'est qu'il existait un problème plus profond dans la communauté. Il ne s'agissait pas de déterminer qui était la victime ou le coupable, mais plutôt de comprendre l'origine du conflit pour mieux s'en libérer. Ainsi, chacun exprimait sa vision du problème, et l'écoute était alors aussi importante que l'expression dans le calme. De cette manière, la vision de chaque individu était révélée au grand jour, libérant des tensions anciennes et permettant à tous d'accéder aux excuses et au pardon. Finalement, parfois au bout de plusieurs jours, une fois l'harmonie retrouvée, le rituel de réconciliation se clôturait par un partage de nourriture et des prières.

Autonomie et responsabilité

Aujourd'hui, il paraît inconcevable de régler les conflits familiaux et professionnels en réunissant pendant de longues journées les membres d'une famille ou d'une entreprise. Ho'oponopono est devenu une pratique individuelle grâce à Morrnah Simeona, une chamane hawaïenne, qui, dans les années 1990, a commencé à transmettre cette nouvelle façon de pratiquer avec l'aide du Dr Len, médecin psychiatre à Hawaï qui avait d'excellents résultats avec cette méthode. Tous deux ont mis à disposition un outil de développement personnel unique en son genre, qui a la particularité de s'utiliser en totale autonomie. Je crois que c'est ce qui m'a plu dans le Ho'oponopono : nul besoin de qui que ce soit pour entrer dans la pratique, c'est un engagement en soi et pour soi.

L'autre élément qui m'a décidée à utiliser le Ho'oponopono, c'est la responsabilité. Dans cette pratique, on prend conscience que chacun est responsable de sa vie à 100 %. Il est de votre responsabilité de faire quelque chose de tout ce qui vous arrive. Inutile d'attendre de votre mari, de votre femme, de vos enfants, de votre famille ou de votre patron un quelconque changement. Si quelque chose ne vous plaît pas dans votre existence, vous seul pouvez intervenir pour le transformer.

J'ai trouvé cette notion très libératrice. Elle m'a fait prendre conscience de mon pouvoir et m'a redonné cette liberté que je cherchais à l'extérieur. Plus question d'espérer que les autres agissent pour que ma vie prenne une autre tournure. C'est moi qui me transforme et c'est moi qui en prends la décision.

Cette responsabilité, c'est donner une réponse aux événements qui soit plus en adéquation avec vos objectifs et vos besoins. Vous ne pouvez pas changer un événement, par exemple l'accrochage en voiture ce matin ou la dispute que vous venez de vivre avec votre conjoint. Ce que vous pouvez modifier, en revanche, c'est votre réaction face à ce qui est arrivé. La douleur que vous ressentez, le sentiment de mal-être, d'incompréhension ou de frustration, c'est vous qui les ressentez, pas l'autre. Votre responsabilité est donc de transformer ce qui s'agite en vous afin de rendre votre existence plus agréable.

Pourquoi changer soi… et pas l'autre ?

Chercher à changer l'autre est épuisant et détourne de la solution. Modifier votre propre réaction permet de comprendre que le fond du problème n'est pas l'autre mais justement votre réaction face à son attitude. Il vous est peut-être plus facile de pardonner à votre bébé de vous avoir fait passer une mauvaise nuit – « Après tout, il n'y est pour rien si j'ai mal dormi, il est en train de faire ses dents » –, mais il devrait pourtant en être de même pour le conflit que vous venez d'avoir avec votre partenaire – « Après tout, nous n'avons pas les mêmes valeurs, il ne sait pas ce que je ressens », devriez-vous vous dire… mais c'est rarement la réflexion qui surgit.

L'habitude que chacun d'entre nous adopte en cas de conflit est de chercher à convaincre l'autre. Vous avez envie qu'il ou elle ait la même vision que vous, parce que votre façon de faire ou de penser est parfaite : « Tout le monde pense comme ça ! » vous arrive-t-il de dire, ou encore : « Tu es complètement bouchée, tu ne comprends rien à rien ! »

En effet, il est parfois difficile de comprendre l'autre, qui a reçu une éducation différente de la vôtre. Quand on est enfant, on reçoit de la part des adultes qui nous élèvent des phrases et des attitudes qui servent alors de références à l'enfant que l'on est alors, pour ensuite devenir des valeurs : « Il faut travailler dur pour réussir », « Il ne faut pas parler aux inconnus », « L'argent ne fait pas le bonheur », et toutes les phrases que vous avez entendues enfant sont issues de la mémoire familiale et culturelle, variant cependant d'une famille à une autre, d'une région à une autre, d'un pays à un autre. Ces mémoires, ces références, vous ont permis de vous construire, vous avez bâti votre existence dessus.

Peut-être que votre partenaire, vos amis, ont des mémoires similaires aux vôtres, c'est d'ailleurs pour cette raison que ceux-ci vous semblent proches. Mais elles ont aussi beaucoup d'autres mémoires très différentes des vôtres et que vous n'avez pas encore eu l'occasion de reconnaître. C'est également pour cela que vos proches semblent « se révéler » au cours de certaines situations. Comme vous ne les avez pas encore vus réagir dans ce contexte, vous découvrez une partie de leur personnalité quand un nouvel événement inédit se produit.

Ce qu'il faudrait dire

Ce qu'il conviendrait de dire dans ces moments particuliers, c'est : « La mémoire que tu as acquise pour réagir face à cette situation est différente de ma mémoire. » Remplacez le mot « mémoire » par le mot « habitude » et vous comprendrez mieux l'origine des conflits.

La mémoire et l'enfant

Ainsi, chacun évolue dans ce monde avec ses propres valeurs, issues de mémoires collectives et transmises de génération en génération. Elles deviennent vos vérités, car elles sont des éléments fondateurs de votre existence. Mais cette identité familiale n'est en réalité pas tout à fait exacte. Vous pensez que vos frères et sœurs ont reçu les mêmes références et qu'ils auront donc les mêmes valeurs que vous et vos parents. Pourtant remarquez déjà comme leur parcours est différent.

“ Mon frère et moi-même avons deux ans d'écart. Nous avons fréquenté les mêmes écoles et été élevés par les mêmes parents. Aujourd'hui, il est intéressant de constater que nous avons une existence très différente. Mon frère est très sédentaire et habite la même ville depuis des décennies alors que, de mon côté, je ne compte plus les déménagements et les pays que j'ai visités. Nous n'avons pas intégré les mêmes valeurs de nos parents et, en plus, nous les avons adaptées en fonction de nos personnalités.”

Le psychologue et analyste James Hillman a mis en avant une idée longtemps rejetée par ses pairs et maintenant plus largement reconnue : les parents ne sont pas les seuls à influencer le comportement de l'enfant, car celui-ci dispose, dès la naissance – et même dès sa conception –, de sa propre personnalité. Il nomme cet aspect le « Genius » de l'individu. Chacun d'entre nous a sa propre identité génétique, mais également psychologique. Cela expliquerait pourquoi mon frère n'a pas du tout été marqué par les réflexions de mes parents dont je me souviens encore.

En effet, la personnalité de chaque enfant est unique et semble issue d'une combinaison cellulaire mystérieuse. Certaines paroles le touchent, mais on ne peut savoir lesquelles. Si la différence de personnalité existe entre les frères et sœurs, elle est aussi présente entre parents et enfants. Le caractère de l'individu influence sa perception des événements. Ma fille est maintenant une femme, et lorsque je lui parle de certains épisodes de son enfance qui m'ont semblé marquants, voire traumatisants, ce n'est pas du tout ce qu'elle en retient. Si je trouve ça amusant aujourd'hui, je peux vous dire que sur le moment, je me suis torturé l'esprit… pour rien.

Que faire alors ?

Tout l'intérêt du Ho'oponopono apparaît dans ces moments où l'on ne sait plus quoi faire, dire ou penser, par peur de reproduire les mêmes actes que nos parents, d'être trop sévère ou complètement à côté de la plaque. On vit un moment de grande solitude, alors il est possible de réciter en soi et en silence les quatre mots du Ho'oponopono : « **Désolé, pardon, merci, je t'aime.** » Répétez encore et encore cette formule, toujours dans votre silence intérieur. Laissez-les envahir votre esprit.

Les pensées qui vous envahissent déclenchent des émotions. Quand les pensées sont agréables, elles vous mettent de bonne humeur. Dès que celles-ci deviennent sombres, vous êtes triste, anxieux ou en colère. Le lien entre vos émotions et vos pensées est très fort. Les situations de stress entraînent des pensées stressantes. Comme je l'ai dit plus haut, il est impossible de changer la situation et, par conséquent, les pensées qui en découlent. Ce que vous pouvez faire, c'est occuper votre mental en lui proposant un autre refrain.

Depuis des années, l'habitude de vous raconter tout un tas de phrases négatives face à un type d'événement a fini par s'ancrer en vous. En récitant en vous les quatre mots du Ho'oponopono, vous éloignez votre esprit de sa routine dramatique. « Désolé, pardon, merci, je t'aime » crée une porte de sortie au stress. Et quand on sort du stress, les solutions deviennent visibles.

La vision tunnel

Cet effet de stress a un nom, la « vision tunnel ». Votre regard se focalise sur le sujet de votre stress, faisant rétrécir du même coup votre champ de vision. Vous ne percevez plus ce qui se passe autour de vous. Souvenez-vous de cette mauvaise nouvelle que vous avez reçue. Il vous a fallu un certain temps avant de reprendre l'action que vous étiez en train de faire. Peut-être avez-vous même eu la sensation d'avoir reçu un coup au ventre ou encore d'avoir eu le souffle coupé. Le choc stresse votre corps et votre esprit. Pendant ce temps, le mental prend le relais en déchargeant ses pires scénarios pour maintenir vos sens en éveil. Si ce fonctionnement est très utile au milieu de la jungle lorsqu'un lion est prêt à vous dévorer, il l'est un peu moins quand vous êtes dans votre cuisine face à un proche. Le stress est bien présent et vous avez besoin d'un peu de temps pour récupérer. En lançant la formule du Ho'oponopono, vous vous donnerez ce temps et retrouverez votre souffle. Mais, surtout, votre mental cessera d'en rajouter et vous laissera de l'espace pour trouver une solution.

Pourquoi dire ces mots et pas d'autres ?

La tradition hawaïenne de laquelle découle cette formule est issue d'un protocole qui permettait d'entrer dans les excuses et le pardon. Une fois que la source du conflit était révélée, elle pouvait être éliminée grâce à ces deux étapes. Lorsque vous clamez dans votre silence intérieur « Désolé, pardon, merci, je t'aime », vous envoyez une autre information à votre mental. Vous lui proposez des mots qu'il n'a pas l'habitude de trouver ensemble et qui représentent un état très éloigné du conflit que vous vivez. Décontenancé, votre esprit se focalise sur ce nouveau point d'attraction et lâche les anciennes rengaines, celles qui vous font souffrir. Parce que vous répétez en boucle que « l'autre est un imbécile, que vous êtes incompris ou que vous êtes un mauvais parent » vous fait bien souffrir. Stopper ces phrases et les remplacer par les quatre mots du Ho'oponopono est la première chose à faire.

Le mot « désolé » permet de revenir à l'instant tout en prenant du recul sur l'événement qui est arrivé. Il représente le moment où les Hawaïens évoquaient tour à tour leur vision du conflit. Le mot « pardon » est la reconnaissance de ce qui s'est passé en vous pardonnant d'être impliqué dans cette situation. « Merci » permet d'entrer dans l'acceptation de ce qui est arrivé pour mieux le transformer. On parle ici d'accepter les émotions que l'on est en train de vivre. Quant au « je t'aime », il est cette énergie bienveillante dont vous avez tant besoin en ce moment difficile. Avec lui, une mémoire qui ne vous convient plus s'efface… et vous n'avez pas besoin de savoir laquelle.

Les mémoires limitantes

Parmi les mémoires qui vous ont permis de vous construire et de devenir l'adulte que vous êtes aujourd'hui, certaines sont devenues obsolètes. Elles ont fait leur temps. Il ne s'agit pas de dire que certaines mémoires sont bonnes et d'autres mauvaises pour vous, simplement, il y a des mémoires que vous avez reçues et acceptées, enfant, car elles correspondaient à votre personnalité. Aujourd'hui, certaines d'entre elles vous paralysent dans vos actions en vous mettant dans la colère ou le ressentiment. Je les nomme « mémoires limitantes », car elles limitent vos actions en vous faisant revivre le même scénario difficile.

Avez-vous remarqué des similitudes entre les différentes situations qui vous mettent dans un état de stress ? De même, quand vous êtes face à certaines personnes, c'est toujours le même type d'individus qui déclenchent chez vous un malaise.

Ainsi, vous pouvez soit continuer à vous dire que ce sont les autres qui doivent changer et que vous réagissez de cette manière parce que la situation ne permet pas d'autres réactions, soit vous décidez de lancer la formule du Ho'oponopono pour vous libérer d'une mémoire et vous ouvrir à d'autres façons de voir la vie et les gens qui vous entourent.

Faire la différence entre la situation et ses émotions

Vous conduisez votre véhicule et un piéton traverse la route sans prévenir. En un quart de seconde, votre réflexe est d'enfoncer la pédale de frein pour éviter de renverser cette personne. Votre voiture s'arrête brutalement et vous avez évité le piéton. Vous sentez la pression de votre corps se relâcher et des tremblements agitent vos dents, vos mains, vos pieds. C'est l'effet de l'adrénaline qui s'est déversée dans votre corps pour vous aider à agir promptement. Ce stress post-traumatique disparaît au bout de quelques minutes ou quelques heures.

La situation qui s'est déroulée devant vous a déclenché une alerte, dont la décharge d'adrénaline a été la réaction de votre cerveau. L'événement extérieur est venu réveiller votre cerveau pour agir efficacement. Ce qui se passe ensuite est la conséquence de la décharge hormonale. Votre organisme rétablit l'équilibre avec ses ressources et le calme revient. Mais c'est à cet instant que la peur survient, suivie de près par la colère.

L'incident est terminé depuis un bon moment, mais ce que vous ressentez dans votre corps est bien présent. Il est difficile de ne pas se laisser emporter par les émotions qui en découlent.

Tant que vous criez sur le piéton qui a traversé sans regarder et que vous ressassez encore et encore ce qui s'est passé, votre organisme continue de se maintenir en état de stress. Votre cerveau prend ces informations comme étant la réalité et fait revivre à votre corps la même décharge hormonale reçue quelques minutes plus tôt. L'incident est clos, mais vous continuez de vous sentir mal, car votre mental a pris le relais.

Certes, vous avez besoin de vous dégager du stress ressenti après une telle montée d'adrénaline. Mais en criant sur le piéton, c'est votre état physique qui s'aggrave. Il vous est possible de revenir à l'équilibre avec plus de respect pour votre corps et ceux qui vous entourent, et la respiration est un moyen d'y parvenir, l'arrivée d'oxygène calmant votre organisme. Encore faut-il pouvoir sortir de l'apnée émotionnelle. En lançant les quatre mots du Ho'oponopono, en boucle et en silence, vous mettez le mental sous cloche le temps de « reprendre vos esprits » et de récupérer votre souffle.

Les actions faites sous l'emprise de la colère vont d'abord pénaliser la personne qui émet cette émotion, c'est-à-dire vous-même. La répétition des phases de stress au quotidien peut vous faire entrer en phase d'épuisement, et les conséquences se mesurent au niveau de votre santé, avec l'accélération du vieillissement et l'apparition d'un déficit immunitaire ou d'ulcères à l'estomac.

De l'entraînement à la pratique

Comment avoir le réflexe de réciter les quatre mots dans ces situations extrêmes ?

Il peut vous sembler difficile de vous mettre à psalmodier « Désolé, pardon, merci, je t'aime » alors que vous venez tout juste de découvrir la pratique. Je vous invite donc à vous entraîner. Si vous décidez de faire le marathon de New York alors que vous n'avez jamais couru de votre vie, il semble évident qu'il faudra commencer à courir tous les jours avant de participer à cette grande course. Au début, vous allez courir 5 minutes, marcher, puis reprendre la course. Jour après jour, votre pas va devenir plus rapide, plus léger. Puis, avec l'entraînement, vous ne penserez même plus à courir, ce sera devenu un acte presque naturel. Cette fluidité, vous pouvez l'acquérir grâce à la pratique quotidienne. C'est pour cette raison que la méthode Ho'oponopono est si adaptée à nos vies. Elle ne s'utilise pas seulement le week-end ou dans une session de formation, c'est un outil du quotidien. Une routine journalière qui, par son acquisition, deviendra une seconde nature.

En pratique

Entraînez-vous à réciter dans votre silence intérieur « Désolé, pardon, merci, je t'aime » quand tout est calme. Mettez ce refrain en route dans votre esprit alors que vous faites une balade dans le parc, dans la file d'attente du supermarché, au moment du repassage ou quand vous faites quelque chose qui ne nécessite pas de concentration particulière. L'important est que cette répétition devienne un automatisme. Récitez en silence, en vous, ces quatre mots autant de fois que vous le souhaitez. Vous seul pouvez déterminer quand cela suffit et vous seul pouvez décider de faire cet entraînement.

L'ego

Pourquoi réciter sans réfléchir ou sans être vraiment conscient des mots ? Parce que celui qui vous dit qu'il faut faire attention aux conséquences ou que cette démarche semble trop facile pour qu'elle fonctionne, c'est celui qui ne veut pas changer ses habitudes, c'est-à-dire votre mental. Ce dernier est très fort pour créer et utiliser les technologies, mais il a tendance à prendre beaucoup de place dans vos décisions. Le mental, ou l'ego, est une partie de soi qu'il est nécessaire d'apprendre à reconnaître pour éviter de se laisser piéger par ses propos. C'est l'ego qui vous dit que vous n'êtes pas un bon parent quand vous êtes en retard à la crèche ou à la garderie. C'est lui aussi qui vous raconte que vous ne pouvez pas savoir ce qui est bon pour votre bébé puisque, vous voyez bien, il n'arrête pas de pleurer ! L'ego s'agite souvent quand il a la sensation de perdre le contrôle. C'est une part de vous qui vous fait croire qu'il a toujours raison, car il conserve des mémoires qui restent inlassablement ses vérités. Mais l'ego a oublié que vous avez grandi, évolué, appris, et que le changement n'est pas une erreur mais la nature même de la vie.

Le moulin du mental est ancré en vous depuis l'enfance. Il vous répète à longueur de journée que vous êtes nul, incapable ou sans intérêt. Il chante en vous la mélodie de la complainte depuis si longtemps que vous avez appris à vivre avec, à en faire votre norme quotidienne. Ainsi, interrompre ce ronron désagréable est la clé pour se sentir heureux dans son quotidien… sans culpabiliser de vivre des instants de joie !

Répéter en boucle, en vous, la formule du Ho'oponopono vous permettra de passer à une mélodie plus sereine et de laisser de côté la torture émotionnelle que vous avez pris l'habitude d'infliger à votre esprit. Car même lorsque vous pensez « Ce type est un imbécile », la première personne à qui vous faites du mal, c'est vous-même, en émettant des émotions désagréables. Faites-vous du bien, changez de refrain.

Les résultats de la pratique du Ho'oponopono

Avec la pratique du Ho'oponopono, vous verrez votre vie se transformer en une source de bonheur. Vous êtes sceptique quant à l'idée de vivre dans le bonheur avec une famille à charge et un travail à assumer ? Pourtant vous pouvez atteindre cet état en prenant conscience de votre implication dans les aléas de votre existence. Tout ce qui vous arrive peut être transformé à partir de vous ! Comment ? En écoutant une autre voix que celle votre ego. Quand ce mental vous raconte que ce qui vous arrive, c'est la faute de l'autre, il vous rend impuissant. Et cette sensation est très désagréable, car elle vous maintient dans le rôle de la victime. La particularité du Ho'oponopono est de vous faire redevenir acteur.

Le bonheur ne dépend plus de votre mère qui vous fait des remarques sur la façon d'élever vos enfants ou encore de votre partenaire qui semble vous mettre sur les épaules la totalité des charges. Le bonheur s'approche par touches successives en éliminant la source des émotions désagréables, c'est-à-dire les mémoires devenues « limitantes ». Ce nettoyage intérieur a un grand intérêt, car il libère l'accès aux solutions, à l'inspiration. Et ces dernières ne viennent pas de l'extérieur, elles sont en vous. Vous disposez de vos propres ressources pour faire face à ce qui arrive, sans forcer, dans le respect de ce que vous êtes et dans la conscience d'agir efficacement. Là encore, je ne parle pas d'être fort ou d'utiliser votre énergie pour régler tous les problèmes de la maison, mais de vous ouvrir à votre petite voix intérieure, qui saura vous guider loin des méandres du mental. Le bonheur s'acquiert dans ces moments où vous êtes aligné avec cette part de vous qui ne demande qu'à vous sortir des tracas.

Parler aux autres du Ho'oponopono

J'ai pris soin de vous expliquer l'essence du Ho'oponopono afin de vous inciter à l'utiliser. Si vous êtes convaincu du bien-fondé de cette pratique, vous aurez certainement très envie de la partager avec vos enfants. Comme je l'ai abordé plus haut, l'enfant a tendance à imiter ses parents. Si vous lui dites de faire les choses d'une certaine façon et que vous agissez autrement face à la même situation, il prendra modèle sur votre attitude plutôt que sur vos paroles.

“ J'avais 11 ans lorsque je suis allée rendre visite à ma voisine, qui allait chaque dimanche à la messe. Mes parents sont athées, aussi je ne connaissais rien aux traditions religieuses. Ma voisine m'a alors expliqué les principes de sa religion en me parlant de l'amour et du respect de son prochain. J'ai trouvé ces principes très enthousiasmants. En sortant de chez elle, alors qu'elle me raccompagnait, elle s'est aperçue que le voisin avait garé sa voiture devant son portail, bloquant la sortie de son jardin. Ma voisine qui, quelques minutes plus tôt, m'expliquait qu'il fallait développer la compassion envers les autres, s'est mise à crier des noms d'oiseaux à l'attention du propriétaire du véhicule. Et j'ai pensé : « Ça ne sert à rien d'aller à l'église. » Déçue, je suis rentrée chez moi.”

Je vous invite à entrer dans la pratique quotidienne de la sagesse hawaïenne avant de la transmettre à ceux qui vous entourent. Votre comportement sert d'exemple autant pour votre famille que pour vos amis et collègues. Bien sûr, vous pouvez expliquer ce principe de vie et en parler avec des proches, mais ne vous attendez pas à un retour très positif. Quand on est dans cette démarche de travail sur soi et que l'on jubile à l'idée de pratiquer des préceptes qui semblent merveilleux, l'entourage ne répond pas toujours favorablement à ces découvertes, ayant d'autres problèmes plus urgents à régler.

Mais pour en revenir à vos enfants, être l'exemple peut sembler relever du fardeau, pourtant vous le faites déjà quotidiennement. L'essentiel est d'être en harmonie entre vos principes et vos actions.

N'attendez plus

Dire « Je t'aime » à son enfant avant de le quitter devant l'école est un bon moyen de lui donner la base de la pratique tout en lui procurant une sensation de bien-être. N'attendez pas qu'il vous réponde la même chose ou quoi que ce soit d'autre, donnez-lui simplement l'occasion d'entendre ces mots, puis observez ce qui se passe en vous. Je dis « en vous » et non en lui, car vous êtes l'émetteur. Vous envoyez une vibration qui va changer votre comportement en premier lieu.

Le piège dans lequel la plupart des personnes tombent quand elles s'ouvrent à des pratiques spirituelles ou d'épanouissement personnel, c'est qu'elles espèrent obtenir un résultat bien précis. « Je fais Ho'oponopono pour que mon mari m'aide davantage et pour que mes enfants se sentent mieux à l'école. » C'est le genre de réflexion qui limite le champ d'action de cette pratique en vous enfermant dans une seule vision. Vous ne voyez que celle qui vous semble admissible ou possible aujourd'hui, et qui n'est pas forcément la plus pertinente et la plus efficace pour vous sortir de la situation.

“Lors de certains conflits que je vis avec mon conjoint, il m'arrive de souhaiter qu'il reconnaisse ses torts parce que je suis persuadée que c'est le seul moyen de me sentir mieux. Je récite alors dans mon silence intérieur la formule du Ho'oponopono. Je répète en boucle ce mantra jusqu'à retrouver ma respiration et un champ visuel plus large. Puis j'écoute ce qui se passe en moi. Il peut surgir une prise de conscience comme : « En fait, c'est moi qui ai été odieuse et je vais m'en excuser », ou encore, de façon inattendue, mon mari vient me prendre dans ses bras. Nul besoin de savoir qui a tort ou raison, mais apprendre à reconnaître ce qui arrive, comme la montée de la tension ou la mauvaise communication.”

Attendre que votre enfant réponde à ce « Je t'aime » par une action que vous avez prédéfinie, et qui signifierait pour vous qu'il a bien reçu le message, est limitant. Vous limitez le retour de cet envoi. Par là même, vous limitez le champ d'action de votre enfant en exigeant de lui un seul type de réponse. Il ne s'agit pas de résoudre un problème mathématique où il n'y a qu'une seule réponse identifiable. Il s'agit d'amour et de le laisser se diffuser à travers vous, pour que l'autre puisse en profiter à sa façon.

Dès que vous vous surprenez à attendre quelque chose de particulier en cas de conflit, répétez en boucle et en silence « Désolé, pardon, merci, je t'aime » pour découvrir les autres possibilités.

CHAPITRE 2
Être soi ou être parent

En ce début de XXIe siècle, dans les pays riches, le concept de famille n'a plus grand-chose à voir avec celui du XIXe siècle, et encore moins avec celui des siècles précédents. Cependant, il existe toujours cette notion de « parent » qui est passée de la représentation de plusieurs membres de la famille à deux, voire un seul individu. Le parent, le père ou la mère, peut aujourd'hui se retrouver seul à élever son enfant, alors qu'autrefois, il y avait toujours une grand-mère, un oncle ou un cousin, pour aider les géniteurs dans ce travail de longue durée. En Nouvelle-Calédonie, où j'ai vécu près d'une année, j'ai appris que l'enfant n'appartient pas aux parents qui l'ont conçu mais à la tribu dans laquelle il vit. Cette idée m'a plu : elle ramène à cette notion qu'il en va de la responsabilité des adultes d'élever et de protéger l'enfant qui apparaît dans leur entourage.

Le véritable atout de la pratique du Ho'oponopono est de se connecter à la part de soi qui recèle sa véritable identité. On se définit comme père ou mère de famille, comme épouse ou époux, comme fils ou fille de, mais ce sont uniquement des rôles ou des fonctions. Ce que l'on est va au-delà de ces étiquettes et il convient de retrouver le contact avec cette part de soi pour assumer sa fonction de parent dans l'harmonie intérieure.

Qui suis-je ?

À cette question, vous pouvez répondre par votre prénom, puis votre nom de famille. Ces deux identités vous ont été données par vos parents et permettent à l'administration de vous reconnaître.

Vous pouvez ensuite ajouter « Je suis ingénieur » ou « Je suis mère au foyer. » Ces éléments permettent de visualiser votre cursus, mais ils ne donnent pas de réelles informations sur votre approche de la vie. Ils résument tout au plus une partie de vos expériences.

Vous pouvez aussi vous présenter à travers vos traits de caractère : « Je suis patiente » ou « Je ne suis pas du soir. » Il s'agit à nouveau d'états reflétant des moments particuliers. Vous faites parfois preuve de patience et, à d'autres moments, beaucoup moins. Si vous préférez vous coucher tôt, il vous arrive aussi, dans certaines circonstances, d'aller au lit vers 2 heures du matin, tout en répétant à vos convives que « C'est incroyable que je sois encore debout, car je ne suis pas du soir. » Ces états sont temporaires et s'identifier à eux peut vous amener à tout mettre en œuvre pour les maintenir en place. C'est ainsi que naissent les habitudes.

Être père ou être mère est une fonction. L'utiliser comme une identité définitive et inaltérable revient à se dire que l'on est cuisinier alors que l'on a quitté ce métier depuis quinze ans pour être garagiste. Vous avez appris le métier de cuisinier à l'école, puis vous avez suivi un autre parcours pour travailler dans un garage.

J'ai suivi des études de biologie, j'ai exercé les métiers de secrétaire, informaticienne, acheteuse, auteure et formatrice. Les années m'ont fait prendre conscience qu'aucun de ces métiers n'a défini ma vraie nature. Ils sont simplement des étapes dans mon parcours de vie. Il en va de même pour mon rôle de maman. Maintenant que ma fille a plus de 30 ans, ma fonction de mère ne fait plus partie de mon quotidien depuis des années, ce qui n'enlève rien à l'amour que je ressens pour ma fille.

Découvrir son identité

Découvrir sa véritable identité peut se révéler très fructueux, mais aussi un sérieux défi quand on a en soi la crainte de passer pour égoïste si l'on sort de son rôle de mère ou de père. Vous avez votre fonction de parent, c'est indéniable, puisque vous devez chaque jour prendre soin de votre enfant. Mais c'est une fonction. Votre véritable identité se cache sous des mémoires, qui sont devenues des croyances, comme « Je suis un(e) mauvais(e) père/mère si je laisse trop souvent mon enfant à la nourrice pour aller à mes cours de yoga. »

Vous nourrissez correctement votre enfant, vous avez confiance dans les personnes qui prennent soin de lui pendant votre absence, vous faites en sorte qu'il soit en sécurité et vous lui offrez votre entière présence quand vous êtes ensemble, alors pourquoi s'inquiéter des jugements d'autrui ? Parce qu'il s'agit bien de cela, de ce que vont penser votre partenaire, votre famille ou vos amis sur votre façon d'élever votre enfant. Mais le pire des juges, ce n'est pas l'autre, c'est vous-même. Ou, plus exactement, votre ego, qui tourne en boucle la rengaine de la culpabilité après avoir déposé le petit chez la nounou et qui vous fait regretter de prendre quelques minutes pour vous. Le mental se nourrit de mémoires, et certaines deviennent un jour douloureuses car « limitantes ».

En prononçant en vous les quatre mots du Ho'oponopono, vous coupez le lien avec la mémoire qui a généré la croyance qui vous culpabilise. Vous ignorez de quelle croyance il s'agit ? C'est très bien. Vous ne savez pas quelle mémoire a créé cette attitude ? C'est parfait. Quelle que soit la situation qui vous met mal à l'aise, il vous suffit de réciter la formule « Désolé, pardon, merci, je t'aime » pour retrouver la connexion à votre véritable identité.

"Lorsque j'étais petite fille, mes parents ont un jour décidé de me laisser rentrer seule de l'école, située à 5 minutes à pied de chez moi. Le mot d'ordre de mes parents était : « Tu ne parles pas aux inconnus. » La clé attachée autour du cou, je sortais de classe pour me précipiter vers la maison sans parler à qui que ce soit. J'ai grandi avec cette phrase : « Ne parle pas aux inconnus », qui m'a sans doute protégée toute mon enfance. Elle est devenue une croyance. Une fois adulte et après avoir écrit mon premier livre sur Ho'oponopono, on m'a demandé d'aller donner une conférence. J'ai répondu : « Non, je suis auteure pas conférencière. » Frustrée par cette demande que je trouvais incongrue, j'ai décidé de réciter en boucle les quatre mots. Deux jours plus tard, j'ai contacté cette personne pour accepter son offre et aller parler... à un parterre d'inconnus. La mémoire qui m'avait maintenue en sécurité est un jour devenue obsolète et même limitante. Elle était devenue une souffrance en générant de la frustration. Sans savoir de quelle mémoire il s'agissait, j'ai répété en silence : « Désolée, pardon, merci, je t'aime » sur cette émotion désagréable que je vivais suite à cet appel. Ensuite, en prenant du recul, j'ai compris que si je voulais absolument faire connaître cette méthode au grand public, je devais aller parler aux médias. Depuis, je donne des conférences et des interviews à la radio et la télévision dès que l'on m'en fait la demande."

Pourquoi révéler cette identité ?

Votre rôle de parent, votre rôle de professeur, de mari ou d'épouse, est temporaire. Quand on s'accroche à quelque chose d'éphémère, sa perte peut apporter un grand mal-être. On exerce comme professeur pendant des années, puis la retraite prend le relais. Ce peut être un moment de grande souffrance pour les personnes qui n'ont pas préparé ce passage. Elles se sentent alors inutiles et pensent qu'elles n'ont plus de valeur à apporter au sein de la société. On est marié et, un jour, la séparation peut arriver. Là encore, il s'agit d'une perte de rôle qui peut se révéler très douloureuse. Certaines personnes pensent ne plus être capables de vivre à nouveau en couple ou ont la sensation d'être complètement démunies.

J'entends déjà les réactions sur l'idée que l'on est maman ou papa à vie. Ce n'est pas tout à fait exact. On a cette fonction jusqu'à ce que son enfant grandisse et devienne autonome. L'attachement à son rôle de parent génère parfois des états dépressifs le jour où son enfant adolescent doit se rendre dans une école située à l'autre bout du pays. En effet, la fonction de parent est devenue une identité si forte que ce moment de séparation fait jaillir une énorme souffrance. « J'ai perdu une part de moi » ou « C'est comme si on m'avait arraché les tripes » sont les symptômes de l'attachement… à son rôle.

“Lorsque ma fille adolescente a voulu rejoindre la famille de son père, j'ai sombré dans la dépression, jusqu'à ce que je comprenne que c'était la perte de mon identité de « mère » qui me faisait souffrir et non la peur de la voir vivre des moments difficiles. Il m'a fallu accepter la douleur, y entrer profondément pour me regarder en face. Être honnête avec son ressenti fait partie de nos capacités. Cela permet d'évoluer et de sortir de la douleur. Quand je parle d'honnêteté, cela signifie affronter ses propres appréhensions. Était-ce vraiment la peur de la voir se débrouiller seule face aux difficultés qui m'angoissait ? Ou encore la crainte de ne pas pouvoir la préserver des mauvaises personnes ? J'ai dû dépasser ces premières peurs et regarder mes véritables angoisses, puis découvrir ce qui me faisait mal, comme le fait de ne plus être présente pour certains moments, ou de ne plus être la personne la plus importante de sa vie. Cette prise de conscience m'a permis de lever la tête et de comprendre que j'avais peur pour moi et non pour elle.”

Être parent à vie ?

Aujourd'hui, les enfants peuvent suivre des cursus scolaires qui les amènent à être dépendants de leur famille jusqu'à 25 ans ou plus, et il est tentant pour les parents d'agir avec eux comme s'ils avaient encore 5 ou 10 ans. Lorsque l'aîné de 18 ans habite avec vous, il semble naturel qu'il suive les règles de la maison. Mais n'oubliez pas que c'est aussi un adulte avec ses propres choix. Lorsque ses décisions vous dérangent, l'écoute est le meilleur moyen de comprendre ce qu'il fait. Beaucoup de parents se braquent face à leur enfant à cause de leurs propres peurs et ne cherchent pas à comprendre ses intentions. Vous pouvez ne pas être d'accord avec lui/elle ou vouloir le/la protéger. Il est alors possible d'avoir des explications en développant une oreille attentive au lieu de choisir les sermons. Autrement, votre attachement à votre rôle de parent, alors que votre enfant est devenu un jeune homme ou une jeune femme, deviendra un fardeau.

Quand des parents me parlent avec inquiétude de leur enfant qu'ils ont laissé seul à la maison pendant qu'ils sont avec moi, leur anxiété me laisse penser qu'il s'agit d'un jeune enfant. Mais lorsque j'apprends que ce même enfant à en réalité 19 ou 20 ans, je prends conscience à quel point l'identité de père ou mère est forte.

Des mamans de très jeunes enfants me disent qu'il n'est pas question que le petit aille faire ses études au-delà d'un certain périmètre. Elles affirment également que, quand il aura 40 ans, ce sera toujours leur bébé. Mais la vie est mouvement, et cet enfant va créer son existence, s'envoler vers d'autres cieux, rencontrer de nouvelles personnes et vivre des moments qui n'appartiendront qu'à lui. La perspective de ne plus faire partie de son environnement peut vous attrister alors que vous devriez vous réjouir de voir votre enfant se réaliser !

Envisager que cette petite créature fragile va un jour devenir un homme ou une femme autonome est une grande crainte des parents d'aujourd'hui. Pourtant, c'est bien ce qui va arriver. Mais on préfère se dire que « c'est trop tôt pour en parler » et s'approprier ce nouveau rôle éphémère comme une étiquette éternelle.

Le piège à éviter

Avec les années, le rôle de parent peut devenir une excuse pour continuer de protéger et d'agir pour l'autre. Dans ce cas, on s'éloigne de l'amour pour aller vers le contrôle, et c'est le piège de la fonction de parent. Les conflits sont souvent issus de ce comportement contrôlant qui n'a rien à voir avec l'écoute et la bienveillance.

Votre véritable objectif est d'être présent et protecteur pendant les premières années de vie de votre enfant, puis de développer la confiance dans ce que vous lui avez apporté, que ce soit votre éducation ou votre vision de la vie.

Qu'est-ce que le Moi profond ?

Le Moi profond est votre conscience, votre enfant intérieur, votre âme. L'éternité lui appartient et ses possibilités sont immenses. Il peut se perdre dans les étoiles ou plonger dans les mers lointaines, il est votre jardin secret. Cet espace est sacré. Il est bien loin des turpitudes de l'ego et il le respecte malgré tout.

Ce Moi profond est, en chacun de nous, prêt à donner les solutions les plus adaptées aux problèmes du moment. C'est le grand ami de l'introspection. Les génies comme Einstein ou Mozart le nommaient aussi « inspiration ». Si l'ego est doué pour créer et utiliser les technologies, l'envie de les concrétiser est venue grâce au Moi profond. Il ne parle pas, il vibre pour envoyer des messages, que ce soit dans vos rêves nocturnes ou dans ceux que vous faites éveillé. Il n'a rien à voir avec l'instinct, mais plutôt avec l'intuition. Subtil, il peut passer inaperçu et vous faire lâcher des « Je le savais » quand un événement se produit.

L'utilité du Moi profond réside dans les pertinences des actions qu'il génère quand on est à son écoute. Le mental est excellent dans l'accumulation de données et de concepts. Mais le côté intellectuel est limité. Il faut faire appel à ses autres sens pour évaluer une action et ne pas se laisser embarquer par ses émotions. L'envie de claquer une porte ou de lever la main sur son enfant vient d'une réaction émotionnelle que l'ego est incapable de maîtriser parce qu'il en est à l'origine.

En lançant la formule du Ho'oponopono, vous instaurez une distance avec les émotions et les croyances de l'ego. Vous entrez dans l'acceptation. Ce qui signifie que vous êtes dans l'accueil de votre état émotionnel, dans l'accueil de ce qui vous arrive. Une fois que l'acceptation est mise en place, vous pouvez transformer ce qui est en vous. Tant que vous rejetez la situation ou vos émotions, vous accentuez le mal-être.

« Je suis furieux(se) après lui, pas question d'accepter son attitude. » Avec cette phrase, vous amplifiez le phénomène de colère, ce qui vous empêche de trouver une solution pertinente face à cette attitude, surtout s'il s'agit de votre enfant. En vous connectant au Moi profond, vous laissez de côté le mental qui vous serine que « c'est la faute de son père/

sa mère s'il agit ainsi ». La solution ne peut venir de ce mental qui a la certitude que cela dépend d'un tiers. Même si l'influence de l'autre a eu un impact, vous ne pouvez pas revenir sur ce qui a été fait. Le passé est passé. En revanche, vous pouvez agir aujourd'hui avec Ho'oponopono et ses quatre mots pour :

- couper le refrain du mental ;
- prendre du recul ;
- faire la paix en vous ;
- écouter vos solutions intérieures.

En ce qui concerne ce dernier point, la petite voix qui vous dit que « c'est toujours moi qui fais l'effort… » ou que « je ne devrais plus le laisser faire », c'est toujours le mental, qui n'a que des émotions désagréables à offrir. Le Moi profond est plus discret, mais très pertinent. Ses solutions jaillissent comme l'étincelle de l'allumette que l'on craque, rapide et claire. Après des années de pratique, je suis toujours étonnée par le résultat, souvent inattendu mais toujours pertinent. Écoutez-le, vous serez surpris.

Se réconcilier avec… soi

La pratique hawaïenne avait une grande utilité dans le fonctionnement de la tribu. Ce rituel permettait à la communauté ou à la famille d'aller vers la réconciliation à partir d'un conflit. Rétablir l'harmonie était essentiel pour ces populations qui vivaient sur de petites îles perdues au milieu de l'immense océan Pacifique. La sécurité du groupe dépendait de cette cohésion pour affronter les intempéries ou toute attaque extérieure. La réconciliation était vitale pour la survie de tous.

La méthode Ho'oponopono est devenue individuelle, donc adaptée à notre mode de vie. En récitant en vous les quatre mots qui représentent le rituel Ho'oponopono, vous accédez à la réharmonisation intérieure entre vous et vous, c'est-à-dire entre votre Moi profond et votre ego. On ne peut pas dire que l'un est indispensable et pas l'autre. Ils font partie de vous, et en rejetant l'un, vous rejetteriez ce que vous êtes. La plus grande difficulté est peut-être d'accepter vos différentes facettes, celles qui vous dérangent et vous font regretter d'avoir agi de cette façon. Accepter de ne pas être parfait. Accepter d'avoir envie de partir loin de son enfant après une semaine d'insomnie. Accepter de parfois céder à la tentation des plats surgelés. Accepter de voir le linge sale s'accumuler. Accepter de préférer aller chez l'esthéticienne plutôt que faire la lessive. Accepter aussi de ne pouvoir vous rendre chez l'esthéticienne pour le moment. Bref, accepter ce qui est, pour le dépasser.

Ce qui épuise notre cerveau, c'est la dualité entre les « il faut » et les « pas envie ». L'ego est là pour vous rappeler ce que vous avez à faire, mais il n'est pas indispensable de le laisser vous le rabâcher sans cesse.

Imaginez que vous mettiez une alarme pour vous rappeler toutes les 5 minutes le rendez-vous qui a lieu dans un mois. Ce serait exténuant au début, mais vous finiriez par vous habituer à cette sonnerie. Vous arriveriez même à la trouver « normale », puisqu'elle ferait partie de votre routine. C'est exactement ce qui se passe dans votre tête lorsque vous ressassez les « il faut que ».

Avec « Désolé, pardon, merci, je t'aime », vous coupez ces alertes qui sonnent en continu dans votre esprit. Depuis longtemps, se sont installés dans votre existence des « Je n'y arriverai pas », « C'est toujours sur moi que ça tombe », « Je me suis encore laissé faire… » Leur ritournelle est devenue votre quotidien, vous ne vous apercevez même plus de leur présence. Mais ces pensées brouillent votre esprit et vous empêchent de vous concentrer correctement sur ce que vous avez à régler aujourd'hui.

Les quatre mots du Ho'oponopono viennent interrompre ce refrain pour vous aider à entendre la vibration qui vient du Moi profond et vous dit : « Ça y est, c'est le bon moment ! »

Devenir spectateur du flot émotionnel

Le plus important est d'apprendre à observer ce qui se passe en soi pour sortir du jugement. Avec Ho'oponopono, vous devenez spectateur du flot émotionnel qui vous traverse, tout en prenant conscience que cette tempête est temporaire. Prendre du recul, observer ce qui se passe en soi, permet également d'éviter de se dire : « Je suis vraiment nul de réagir de cette façon » et d'ajouter la culpabilité à l'émotion désagréable que l'on vit déjà. C'est ainsi que s'empilent les ressentiments et mauvaises impressions. S'en dégager devient fastidieux et ils monopolisent notre état d'être.

Entrer dans la pratique quotidienne du Ho'oponopono vous donne une autre perception de vous-même. L'observation de votre réaction intérieure se fait dans la bienveillance. Le mental peut encore vous faire souffrir, mais il n'a plus le monopole de votre esprit. La réconciliation a enfin lieu, la dualité s'estompe, l'harmonie s'installe… petit à petit.

De l'importance de l'échec

Prendre conscience de qui l'on est, de la présence du Moi profond, permet à la confiance de s'installer. Elle est un pilier essentiel à l'équilibre de l'être humain. Son origine réside dans une meilleure connaissance de soi, que l'on obtient en s'observant.

Depuis quelques années, j'apprends beaucoup des personnes qui sont dans la confiance. Elles sont faciles à repérer, car elles ont une existence épanouissante et ont une très grande confiance en leurs décisions. Cela ne signifie pas qu'elles ne se trompent jamais, au contraire, elles prennent beaucoup de risques, car elles savent que c'est à partir de leurs échecs que naîtra leur réussite.

Avoir conscience que l'échec peut vous nourrir et vous enrichir est le début de la sérénité. Comment est-ce possible ? Il suffit de considérer que si vous n'avez pas le résultat souhaité, c'est que le chemin pris n'était pas adapté. Un échec ne remet pas en question ce que vous êtes, il vous apporte simplement la preuve que le moyen utilisé n'est pas celui qui convient.

Les mauvaises notes sur les bulletins scolaires ont pu vous déstabiliser par leur répétition. Mais c'est le devoir ou l'exercice qui a été noté, pas l'élève. Savoir qui l'on est prend toute son importance quand la tendance à s'identifier à ce que l'on fait est très forte. Cela vient d'une habitude prise très tôt et il faut parfois une vie pour s'en dégager. Qu'importe le temps que vous prendrez, l'essentiel est de savoir que vous n'êtes pas le diplôme, ce dernier est le résultat d'un travail que vous avez réalisé à un moment précis. Il a son utilité pour rappeler ce que vous êtes capable d'accomplir, mais il ne va pas vous apporter plus d'amour ou d'argent. Il peut vous donner accès à un poste bien payé, mais il faudra ensuite encore travailler pour que votre employeur ne regrette pas de vous avoir choisi.

Avoir confiance en ses choix, c'est prendre conscience de ce que l'on est. Vous pouvez décider de punir, de féliciter, de récompenser, de refuser, de sermonner, tant qu'il s'agit de respecter votre choix pour mieux changer de direction si le résultat ne vous convient pas. Plus vous serez dans la confiance, plus vous verrez grandir l'estime de ce que vous êtes, plus vous verrez vos enfants prendre modèle sur votre attitude. Cet état va rejaillir sur eux et il n'y a rien de plus prometteur que de voir son fils ou sa fille développer une attitude de respect et de confiance en soi et en la vie.

L'esprit de famille

Au sein des tribus d'Hawaï, si deux personnes n'arrivaient pas à résoudre un problème et continuaient à se disputer, le groupe prenait conscience que la racine du problème était profondément ancrée. Chaque membre savait qu'il avait contribué, volontairement ou pas, consciemment ou pas, à son enracinement.

En effet, l'arrivée d'un conflit entre des individus d'un groupe ou d'une famille signifie qu'il y a un malaise dans ce même groupe. Le conflit est la part émergée de l'iceberg. Le véritable problème prend sa source dans l'accumulation de non-dits et d'interprétations. Plutôt que de condamner ces personnes en les enfermant dans les rôles de coupables et de victimes, le rituel du Ho'oponopono permettait de regarder au-delà des *a priori*, de développer l'écoute et d'aller vers la réconciliation.

Cette compréhension permet d'envisager une autre perception des disputes qui peuvent surgir dans une famille. Prenons l'exemple des repas de fête. Ces moments sont idéaux pour repérer les non-dits accumulés car chacun interprète les paroles et les gestes de l'autre avec ses propres croyances ou valeurs. Je le redis, ce n'est pas parce que l'on fait partie du même clan que l'on a tous la même façon de voir les choses. Il y a celui qui pense que pour calmer le jeu il faut faire de l'humour, l'autre qui se dit que ça n'a rien de drôle, et encore un autre qui se demande ce qu'il fait là.

Envisager une thérapie familiale serait salvateur, mais cette notion n'est pas dans l'air du temps et ne correspond pas à nos critères de société actuelle. Alors regardez plutôt ce que vous pouvez transformer en vous.

Votre famille est ce qu'elle est. Ni meilleure ni pire que celle des autres. Elle vous a permis de vous construire, avec ses peurs, avec ses envies, avec son amour, avec ses rejets et même ses contradictions. Elle vous paraît bancale et cela vous gêne, alors faites en sorte d'avoir plus de droiture dans votre existence. Vous avez l'impression d'être invisible dans votre famille, alors mettez tout en œuvre pour qu'apparaisse aux yeux de tous, votre véritable identité.

La mauvaise excuse

La plupart d'entre nous utilisent leur famille comme une excuse pour ne pas changer : « Je tiens ça de mon père ou de ma mère » ou encore « C'est héréditaire, je ne peux rien y faire. » Ensuite, vous regardez vos enfants grandir et réagir comme l'ont fait vos parents et vos grands-parents.

Vous êtes la seule personne qui puisse changer cela. C'est à vous de décider de garder ou non cette attitude qui vous dérange tant chez vos parents et qui résonne encore dans votre quotidien. Récitez en silence « Désolé, pardon, merci, je t'aime » dès que vous sentez les doutes et l'amertume vous envahir. Mettez en place cette habitude de nettoyage intérieur quand au-dehors tout vous rappelle à ce que vous n'aimez pas ou ne désirez plus. Coupez l'alarme du mental qui s'agite dès que vous êtes avec votre famille. De cette manière, vous sortirez du jugement, de la rancœur et surtout du passé pour mieux vous concentrer sur le moment présent, là où se trouve votre enfant.

Tous pour les enfants

S'il est une responsabilité commune à tous les adultes de cette planète, c'est de prendre soin des enfants qui y grandissent. Ils sont notre présent et notre avenir, cela ne fait aucun doute.

Je me suis longtemps posé la question de la responsabilité du système éducatif et du gouvernement vis-à-vis de nos enfants. Faut-il que ces derniers soient uniquement à la charge des parents ? Est-ce que le système est également responsable de leur éducation et de leur sécurité ? En entendant un fait divers, j'ai pris conscience que nous avions, nous, les adultes, l'entière responsabilité des enfants qui grandissent dans notre quartier, dans notre ville, dans notre pays et dans le monde entier. Voici le fait divers.

“Un parent d’élève est entré de façon intempestive dans une classe pour gifler le professeur qui avait puni son enfant. Cette attitude traduit le manque de recul et surtout le refus de laisser quiconque intervenir dans l’éducation de son enfant. Je ne connais pas les tenants et les aboutissants de cette histoire, mais ce qui m’interpelle est le fait que des parents se sentent les uniques responsables de l’éducation de leur enfant. Plus question de laisser un tiers intervenir, le père et la mère veulent avoir la main sur tout ce qui concerne leur enfant. Confier son enfant au système scolaire signifie que l’on ne peut pas maîtriser tout ce qui s’y déroule. Le contexte de la punition échappe complètement à ceux qui n’étaient pas présents. Il ne s’agit pas de savoir si la punition était justifiée ou pas, mais de remarquer la violence du geste, qui montre la violence ressentie par le père lorsque son enfant est revenu avec la punition. La discussion devrait être la priorité de tous. Même s’il y a refus de communiquer, il est possible de faire intervenir un modérateur. Bref, de multiples solutions bienveillantes sont possibles quand on est aligné et confiant dans la vie.”

Je rappelle que nous, les adultes, sommes des exemples pour tous les enfants que nous croisons dans la vie.

Votre comportement a autant d'importance face à des enfants de votre famille qu'avec des inconnus. Ce que vous faites dans la rue, dans le métro, dans les boutiques ou dans n'importe quel espace où se trouvent des enfants a un impact sur leur manière d'appréhender l'existence. Attendre sur le trottoir, au niveau du passage piéton, que le petit bonhomme passe au vert, même s'il n'y a aucune voiture qui arrive, est de ma responsabilité quand je suis à côté d'une petite fille que je rencontre pour la première fois. Montrez l'exemple à tout instant : ramassez un papier pour le mettre dans la poubelle, parlez poliment à celui qui vient de prendre la place de parking que vous visiez quelques secondes plus tôt, faites remarquer aimablement à la personne qui vous double à la caisse qu'il faut aller se mettre au bout de la file d'attente.

“Dans le petit village de France où j'allais passer mes étés, les habitants avaient l'habitude de se retrouver sur la place le soir pour se raconter des histoires et, aussi, pour médire de son prochain. Je me souviens de la remarque d'une des femmes présentes au sujet des « jeunes qui prennent de la drogue et font n'importe quoi ». Après une longue tirade sur la jeunesse droguée, elle s'est levée de son siège pour nous annoncer : « Allez, je vais prendre mon Lexomil® pour la nuit. » La maxime « Faites ce que je dis et pas ce que je fais » pouvais résumer l'ensemble des propos tenus ce soir-là.”

Le comportement d'adolescents et d'enfants qui exhibent sans pudeur leur haine sur les réseaux sociaux devrait nous alerter sur notre propre comportement d'adultes à exprimer sans retenue toute forme de violence. Je ne dis pas qu'il faut laisser faire, mais qu'il faut assumer ce que l'on sème pour mieux le transformer. Changer soi-même, sa façon d'être face à certains événements, pour transmettre une autre vision de la vie, une autre façon d'être, pour le plus grand bien de tous.

CHAPITRE 3

Ho'oponopono dans votre quotidien de parent

Si vous comptez sur cette méthode d'épanouissement personnel pour que votre enfant ne fasse plus de scènes dans les supermarchés ou qu'il cesse de martyriser le chat ou sa sœur dès que vous avez le dos tourné, vous allez être déçu. Je vous propose de voir le Ho'oponopono comme un outil pour améliorer votre bien-être. C'est à partir de vous, et vous seul, que vous pouvez mettre en place la sérénité. Vous ne pouvez pas transformer le caractère de votre enfant, vous pouvez l'accompagner dans sa découverte intérieure… à condition de bien vous connaître également.

Il n'y a rien de plus difficile que d'expliquer quelque chose que l'on ne maîtrise pas. Tenter de donner un cours de chimie à votre fils alors que vos connaissances se limitent à H_2O ne lui apportera pas grand-chose d'autre que votre malaise face à cette matière qui vous rappelle de mauvais souvenirs. Je vous propose d'entrer dans la pratique quotidienne de la méthode hawaïenne qui vous aidera à découvrir toutes les facettes de votre personnalité.

Alors que votre transformation intérieure s'opérera, vous constaterez un changement sur les personnes de votre entourage. Ce sera subtil au début, puis, de jour en semaine et en mois, les changements dans les comportements de chacun seront plus visibles. Peut-être qu'il vous semblera difficile de tenir la distance, car vous aurez envie de voir certaines choses se produire, aussi autorisez-vous cette impatience tout en cultivant la persévérance.

Mieux vivre les crises

La crise de l'enfant est l'expression d'un mal-être qu'il ne peut nommer. La seule action qu'un enfant de moins de 3 ans connaisse pour exprimer des émotions qui se bousculent en lui est de… hurler. Face aux cris des jeunes enfants que je croise dans les supermarchés et les avions, une seule phrase : « Désolée, pardon, merci, je t'aime » peut me libérer du jugement, de l'envie d'intervenir et ensuite m'amener à faire confiance aux parents qui se retrouvent coincés dans cette situation.

L'enfant apprend à gérer son flot émotionnel seulement à partir de 5 ou 7 ans. Avant cet âge, c'est à nous, adultes, de prendre de la distance et de développer l'empathie. Ce qui n'est pas évident à mettre en place, surtout après une semaine compliquée.

Pendant une crise, proférer des commentaires du genre « On dirait un bébé quand tu pleures » ou « Ça ne sert à rien ce que tu fais », amplifie le malaise. Envisagez plutôt de vous mettre au même niveau que l'enfant, en vous accroupissant devant lui. Vous lui apporterez déjà le sentiment d'être entendu. Puis de lancer en vous et en silence « Désolé, pardon, merci, je t'aime » pour éviter d'ajouter votre stress émotionnel au sien. Le jeune enfant est une véritable éponge à ce niveau. Il absorbe tout ce qui l'environne et ne sait que faire de toute cette énergie.

Ensuite, laissez-vous guider par votre petite musique intérieure pour offrir les mots qui conviennent à cette situation. « Je suis gênée par tes cris » ou « J'ai envie que l'on passe un bon moment, que puis-je faire pour t'aider ? » sont des phrases qui peuvent ouvrir d'autres perspectives, car vous exprimez votre propre désarroi et non le sien. C'est aussi de cette manière que votre enfant apprendra à exprimer ses émotions, en vous regardant faire.

Vous êtes votre meilleur atout

De nombreux ouvrages permettent d'apprendre à mieux communiquer avec son enfant. De la communication non violente à la méthode Montessori, vous trouverez des bases intéressantes. Mais vous êtes la personne qui connaît le mieux votre enfant, alors apprenez à avoir confiance en votre intuition et laissez de côté le mental et ses « Que vont dire les autres ? ». Agissez en écoutant votre cœur, pas votre tête. Permettez-vous d'échouer, de faire autrement à la crise suivante et, d'ici-là, développez l'écoute de votre Moi profond.

Faire de la place au calme

En récitant en vous « Désolé, pardon, merci, je t'aime », des mémoires devenues limitantes sont évacuées et un espace se crée… en vous, où règnent la paix et le calme. Ainsi, vous entendez clairement votre Moi profond vous souffler l'attitude ou les mots qu'il convient d'avoir pour régler le problème en cours.

Pour répondre « calmement » à votre enfant en pleine crise alors que vous êtes déjà en retard, je vous invite à réciter en vous la formule.

Peut-être que dans ce genre de situation, vous avez déjà essayé de vous contrôler, mais au bout de 2 minutes, n'y tenant plus, vous commencez à crier. Tendu et énervé, la journée se déroule ensuite dans le stress. Je ne dis pas qu'il faut absolument garder votre calme lorsque votre enfant hurle son refus de mettre ses chaussures quelques minutes avant d'aller à l'école et vous met en retard. Je vous propose d'aller en vous, avant de vous emporter et de regretter vos gestes. La solution qui surgira pourra être de lever le ton en exprimant votre mécontentement, ou peut-être que votre enfant se calmera tout seul, qu'importe la forme que cela prendra, soyez simplement assuré que la solution arrivera… de votre calme intérieur.

Quand vous pratiquez le Ho'oponopono, les émotions qui vous envahissent habituellement s'éloignent et ne vous contrôlent plus. Plus vous réciterez en silence la formule, plus vous serez connecté au Moi profond et plus vous nettoierez les peurs du mental. Mais, surtout, plus vous créerez la paix en vous, plus elle irradiera autour de vous, parce que ce que vous ressentez influence les personnes qui vous entourent. Observez un bébé : lorsque des adultes près de lui montent le ton ou que leurs gestes deviennent brusques, il se met à pleurer. Il n'a pas besoin qu'on lui dise que l'on est en colère, triste ou stressé, il ressent ce flot émotionnel, qu'il nous renvoie par ses pleurs. Même si certains pensent encore qu'un bébé de quelques semaines n'est pas apte à comprendre et ressentir ce qui se passe dans son environnement, je les invite à observer ces petites créatures. Elles sont intimement connectées à leur mère, desquelles elles ne reçoivent pas uniquement le lait maternel.

Plus vous vous sentirez bien, plus votre bébé sera détendu. Plus vous êtes en contact avec votre espace de paix intérieur, plus vous donnez à votre enfant l'opportunité de vivre le calme qu'il ne peut encore créer en lui. Soyez la paix que vous voulez voir en ce monde, nous rappelait Gandhi. Cela peut commencer chez vous et avec vos enfants.

La responsabilité des adultes

Vous commencez peut-être à comprendre ce que les enseignants en spiritualité et épanouissement personnel transmettent dans leurs livres. Cultiver son bien-être pour que les enfants puissent le recevoir en retour, telle est la responsabilité de l'adulte. On est bien loin de la notion de sacrifice qui domine notre culture. Être persuadé que l'on doit faire passer son bien-être après celui de ses enfants est une erreur que beaucoup de mères ont faite, moi comprise. Même si un parent doit s'adapter aux horaires de l'enfant dans les premiers mois de sa vie, cela ne signifie pas qu'il doive être seul à gérer ce moment ; vous pouvez vous faire accompagner par un membre de la famille ou une garde à domicile afin de préserver votre énergie et votre équilibre. Tant que vous êtes dans les « Ma mère s'est bien débrouillée seule, je peux y arriver » ou « Pas question d'avoir ma belle-mère tous les jours à la maison », vous fermez la porte aux opportunités.

« Je préfère m'en occuper seul, je serai moins stressé que d'avoir ces personnes à la maison » est le signe qu'une mémoire devenue limitante est réveillée. Vous pensez détenir la vérité en étant dans le rejet de tout autre solution. Vous devenez de plus en plus irrité car fatigué, endossant le rôle qu'adore votre ego : le sacrifice et le rejet des possibilités pour accéder au bonheur.

Avec Ho'oponopono, nettoyez toutes les limitations qui apparaissent et levez la peur de passer pour un mauvais parent. Mettez ce refrain en boucle pour vous permettre d'écouter toutes les propositions qui pourraient surgir. Si les doutes surgissent ou si vous culpabilisez, récitez les quatre mots. Libérez-vous des émotions désagréables qui vous amènent au contrôle plutôt qu'à l'amour. Jour après jour, apprenez à vous observer, sans juger. Votre responsabilité est de vous sentir bien, le plus souvent possible, en vous éloignant des contraintes imposées par le mental.

Respecter la personnalité de l'enfant

Un bébé dispose de sa propre personnalité. Son regard sur le monde est déjà empreint de ses propres filtres. Par exemple, il peut être plus sensible à la lumière qu'au son. Ainsi, son attention sera captivée pas certains éléments et pas par d'autres. Cette façon de percevoir son environnement influe sur son apprentissage et, par conséquent, sur sa manière d'envisager le monde. En grandissant, s'affirmeront d'autres aspects de sa personnalité. Il aura peut-être tendance à s'isoler quand il y a des invités ou, au contraire, s'exprimera très facilement devant les autres. Là encore, il s'agit de regarder ces traits comme une particularité à respecter. Être introverti permet d'observer les autres. Être expressif permet de se connecter aux autres. Vous pourrez alors envisager son éducation en utilisant ses particularités.

Obliger un enfant à s'exprimer en public ne va pas l'aider à sortir de sa coquille. Il est préférable de lui dire que chacun est prêt à partager un moment avec lui, car tout le monde apprécie sa présence, même s'il garde le silence, puis d'observer sa gêne se dissoudre au gré des repas et des rencontres.

“ J'ai rencontré des parents qui avaient tellement peur du « qu'en-dira-t-on » qu'ils préféraient secouer leur enfant pour qu'il salue tous les invités et qu'il parle de ses activités devant tous. Il s'en suivait des scènes plus ou moins terribles, où des larmes et des cris ponctuaient la soirée. « Mais il faut bien qu'il/elle fasse preuve d'un minimum de savoir-vivre », me disaient certains. « C'est comme ça que ça marche chez moi, ce n'est pas lui/elle qui va faire la loi. » Je comprenais alors que ces parents faisaient référence à leur propre enfance. La peur d'être jugé par les amis, la famille ou la société en général, conduit les adultes à agir de façon parfois inappropriée. Ils rejettent ensuite la faute sur l'enfant qui leur semble impossible à gérer.”

À l'inverse, laisser libre cours à l'enfant sans lui donner de limites revient à le laisser marcher sur le petit sentier escarpé qui borde la falaise sans lui tenir la main. Quand il manque de tomber, il doit se rattraper seul, il prend alors conscience du danger mais ne sait pas comment remonter sur un chemin plus sûr. Il a besoin d'un guide. Sans cela, c'est la panique, et le flot émotionnel est si fort que les cris deviennent la seule façon d'exprimer son sentiment d'abandon ou d'isolement.

L'équilibre entre ces deux comportements peut être atteint en observant les émotions qui vous font agir. Est-ce la peur d'être jugé ? Est-ce la certitude qu'il n'y a pas d'autres solutions ? Est-ce le sentiment d'être perdu ? Qu'importe ce qui jaillit en vous, tant que vous vivez une sensation désagréable, lancez les quatre mots en silence. Soulagez votre esprit de ces angoisses récurrentes avec le Ho'oponopono. Tant que les ressentiments sont présents, nettoyez et nettoyez encore. Puis observez à nouveau en vous. Que surgit-il ? Quelle est votre humeur ? Continuez ce nettoyage jusqu'à ce qu'une réponse claire et limpide apparaisse dans la lucidité du cœur et non dans le jugement du mental.

Aller chez le psy ou pas ?

Le développement du soutien psychologique de l'enfant est l'un des progrès du XXe siècle. Ainsi se sont mis en place les moyens nécessaires pour aider les plus jeunes à sortir de moments difficiles. Mais, dans le même temps, on a vu une dérive dans les interprétations, faisant peser l'entière responsabilité sur les parents. Mettre systématiquement le papa et la maman sur le banc des accusés a rendu les psychanalyses longues et difficiles. Heureusement, cette période semble révolue. La personnalité de l'enfant compte autant que l'attitude des parents.

Les parents influencent bel et bien le comportement de l'enfant. Ils sont comme des professeurs au quotidien. Ils sont les boussoles de ce qui se fait ou pas, en clamant des « c'est très bien, c'est bien, ce n'est pas bien ». L'enfant va ensuite caler son attitude en fonction de ces remarques, car il souhaite faire plaisir à ses parents en les déchargeant des difficultés. Cela le satisfait pleinement, surtout quand il reçoit leur affection.

Si vos paroles comptent, votre comportement aussi. L'enfant va imiter les attitudes que vous répétez quotidiennement. Remarquez la façon de se tenir des petits garçons et des petites filles de 4 ans alors qu'ils sont avec d'autres enfants dans la cour de récréation. On a l'impression de voir des mini-adultes s'exprimer et déambuler dans leur petit univers.

"Un jour, une grand-mère me demanda quel était le psy ou la thérapeute qu'elle pouvait solliciter au sujet de sa petite-fille de 7 ans. Elle évoqua alors un problème de confiance qui semblait s'amplifier chez l'enfant. Elle prit comme exemple les baignades dans la piscine, au cours desquelles sa petite-fille refusait de mettre la tête sous l'eau. Je lui demandai alors si la maman et elle-même, la grand-mère, mettaient la tête sous l'eau lorsqu'elles se baignaient ensemble. Elle réfléchit et me répondit que non, elles ne le faisaient jamais. Emmener son enfant chez le psy pour qu'il agisse « normalement » alors que vous-même n'agissez pas de cette façon devrait vous amener à vous poser cette question : « Qui doit aller voir le psy ? » Un peu plus tard dans la soirée, cette grand-mère me dit qu'en y réfléchissant bien, sa petite-fille mettait la tête sous l'eau lorsqu'elle était avec des copines dans la piscine."

Chacun d'entre nous dispose de filtres (peur de mal faire, crainte de l'avenir) qui voilent la réalité des événements. L'intérêt du Ho'oponopono se situe aussi à ce niveau. Il aide à nettoyer ses filtres pour avoir une véritable vision d'ensemble de la situation.

En cas de difficultés avec votre enfant, je vous invite à regarder ce qu'il est possible de faire à votre niveau et ensuite de vous faire accompagner dans cette démarche. Remettre la totalité du bien-être de votre enfant dans les mains d'un tiers peut vous mettre dans la culpabilité ou le sentiment d'impuissance. Alors que participer au rétablissement de son équilibre en vous faisant accompagner vous donne la sensation de faire le nécessaire pour votre enfant.

Ne pas avoir d'attentes

La force de la méthode Ho'oponopono est de ne rien attendre de particulier lorsque l'on fait ce nettoyage intérieur.

La difficulté dans la pratique du Ho'oponopono est de ne rien projeter.

La première question qui vient quand je présente la méthode est : « Que se passe-t-il ensuite ? » Sous-entendu : « Est-ce que ma belle-mère va enfin faire des excuses ? » ou encore : « Est-ce que mon fils va ranger sa chambre ? »

Vous vivez un moment difficile avec votre enfant ? La situation est telle que vous sentez la colère monter ? Récitez en silence et en vous « Désolé, pardon, merci, je t'aime » jusqu'à retrouver une respiration normale ou que votre vision s'éclaircisse. Puis laissez-vous répondre ou agir dans cette nouvelle énergie que vous ressentez. Il n'y a rien d'autre à attendre.

Si vous êtes dans l'attente d'un résultat bien précis, comme « mon fils va ranger sa chambre quand j'aurai fait Ho'oponopono » et que cela ne se produit pas, cela va générer une frustration ou une déception par rapport à la méthode et surtout par rapport à votre enfant. Vous ajoutez une nouvelle émotion désagréable sur celle qui était déjà présente. Ainsi, par-dessus la colère face au fait que votre fils ne range pas sa chambre, s'ajoutera la déception ou la frustration de ne pas avoir le résultat attendu. Ces deux émotions qui s'empilent dans votre esprit vont boucher le passage de l'inspiration, donc aux solutions.

Ouvrez-vous !

Tant que vous cherchez à convaincre votre enfant d'agir d'une certaine façon et qu'il ne le fait pas, vous fermez la porte à la discussion, et surtout à la paix… pour vous-même. La personne qui ressent le mal-être dans cette situation, c'est d'abord vous. Nettoyez les émotions qui vous dérangent avec Ho'oponopono pour vous ouvrir à d'autres possibilités de résoudre le problème en cours.

Cependant, ne pas attendre de résultat ne signifie pas qu'il faut laisser faire. Cela veut dire s'ouvrir à des possibilités que vous ne voyez pas pour le moment. La seule attente que vous pouvez avoir est celle de rétablir l'harmonie… en vous, puis de lâcher sur les moyens d'y parvenir. Vous savez que Ho'oponopono permet de corriger ce qui va de travers, en commençant par vous réaligner de l'intérieur. Les solutions apparaîtront comme une évidence, à condition de ne pas vous focaliser sur un seul chemin. **Les routes de la paix sont multiples et inattendues,** je vous l'assure.

Créer de l'espace

Je sais par avance que vous serez tenté d'utiliser la méthode pour aider votre enfant à passer avec succès ses examens ou pour que ses problèmes de santé disparaissent. Cette intention part certainement d'une bonne intention, mais ce n'est pas la meilleure des approches pour aider votre entourage. Voici deux raisons qui vous aideront à réviser votre attitude.

La première est que ce sur quoi vous vous concentrez s'amplifiera. Plus vous parlez d'un problème, plus il prend de la place, plus il devient important et plus il monopolise l'attention… sans être résolu pour autant. Tant que vous parlez de la maladie, c'est elle que vous mettez en avant. Certes, c'est un moment difficile et certains cas sont vraiment perturbants, j'en conviens. Mais en vous focalisant sur le mal, vous ne voyez plus que lui, et votre enfant disparaît de votre attention. Vous n'êtes plus à l'écoute de ses besoins. Vous agissez en fonction de la maladie et non en fonction de l'état de votre enfant. Une fois que le traitement est en place et que les examens sont en cours, soyez à l'écoute de votre enfant. Riez avec lui, chantez sa chanson préférée, racontez des histoires. Mettez de l'énergie bienveillante. Si cela vous semble difficile à accomplir, alors c'est le bon moment pour clamer, dans votre silence intérieur, « Désolé, pardon, merci, je t'aime » afin de lâcher vos peurs. Si l'inquiétude vous semble naturelle dans ces circonstances, c'est pourtant à cause d'elle que vous n'êtes plus dans l'écoute et la bienveillance.

Le second élément qui perturbe le bien-être de votre entourage est votre envie de contrôler les événements. Être en permanence dans l'action vous donne la sensation de contrôler ce qui arrive. Peut-être que vous arrêter et revenir à votre enfant malade semble intolérable. La sensation d'impuissance ou de culpabilité vous submerge et vous retournez vous agiter pour éviter cette confrontation. Là encore, n'hésitez à prononcer en vous la formule. Le Ho'oponopono vous permettra de faire le grand nettoyage en éliminant la source des peurs.

Dans ce moment particulier, n'ayez d'autre attente que celle de devenir le relais à la paix et à l'amour grâce à « Désolé, pardon, merci, je t'aime ».

Réciter ces quatre mots vous mettra dans une vibration plus douce. Ainsi, au lieu d'émettre la crainte, l'angoisse, le désespoir ou la peur sur votre entourage, vous vibrerez de cette énergie d'amour dont votre enfant a tant besoin en ce moment difficile.

Avec Ho'oponopono, vous créez de l'espace en vous pour :

- retrouver la paix qui n'existe pas au-dehors ;
- changer vos émotions et votre énergie ;
- faire vibrer la paix que les autres ne peuvent émettre.

Développer l'amour inconditionnel

À plusieurs reprises, j'ai évoqué la notion de contrôle que beaucoup de parents confondent avec l'amour. Lorsque vous décidez de punir votre enfant à cause d'un bulletin scolaire défavorable, vous pouvez le faire avec amour, en lui faisant comprendre que ses actions ont une répercussion et qu'il est nécessaire de prendre les mesures relatives à ses actes. Le choix de la punition peut être décidé avec lui ou avoir été négocié au préalable, comme la sortie au cinéma que vous auriez dû faire s'il avait tout mis en œuvre pour changer ses résultats.

Lorsque vous agissez sous l'impulsion de la colère ou de la déception, la punition peut être disproportionnée, de la tape que vous donnez sur ses mains au grand sermon que vous criez en ajoutant à qui veut l'entendre que vous ne ferez jamais rien de lui. Si ces attitudes impressionnent, elles sont peu efficaces sur le long terme. Mettre l'enfant sous une pression continue va surtout lui mettre un obstacle supplémentaire à franchir.

Ce dont il a vraiment besoin, c'est de soutien et d'amour. L'amour inconditionnel est capable de punir et d'aider en même temps. Il ne compte pas les points, il ne valide pas. Il encourage et il soutient. Quels que soient les résultats scolaires, votre enfant a la certitude que vous l'aimez et que le bulletin scolaire ne remet pas en cause ce que vous resssentez pour lui. Vous l'aimez pour ce qu'il est. Avec ses faiblesses et ses points forts que vous reconnaissez. Pour développer cet amour, il est nécessaire de sortir du jugement.

« Qu'est-ce que ses professeurs vont dire sur ma façon de l'élever s'il a toujours de mauvaises notes ? » Ou « Les gens vont croire que je suis un mauvais parent et que je ne m'occupe pas lui. » Ces phrases sont les signaux d'appel de votre ego. Elles signifient que vous n'êtes pas dans l'amour mais dans le jugement. Agir sous la peur d'être jugé va creuser le fossé de l'incompréhension entre vous et votre enfant. Dès que vous entendez dans votre tête des phrases du genre « Qu'est-ce que je fais de lui ou d'elle ? », il est temps de lancer Ho'oponopono. Ainsi, vous coupez la rengaine du mental pour émettre une vibration bienveillante.

« Elle est trop énervée », « il parle vite », « ils sont mal élevés », sont des jugements de valeur. On passe beaucoup de temps à juger, ce qui est un énorme gaspillage d'énergie, sachant que l'on ne peut ni changer l'autre, ni ce qui a été fait. Revenir à soi et à l'amour que l'on peut émettre est le meilleur moyen de sortir gagnant d'une rencontre.

Développer l'amour inconditionnel vous permet de vivre votre journée dans cette énergie. N'est-ce pas un magnifique programme ?

Jour après jour

La pratique du Ho'oponopono est une routine du quotidien. Elle se met en place au gré des conflits, des drames et des crises que vous rencontrez. La recette est simple : dès que vous sentez les émotions vous submerger, telles que les larmes ou « la moutarde qui monte au nez », récitez « Désolé, pardon, merci, je t'aime » en votre silence intérieur. Vous ne pouvez pas changer la situation, mais vous pouvez mieux l'absorber pour agir de façon adaptée. Certes, ce n'est pas parce que vous appliquerez cette méthode que vous échapperez aux problèmes. Mais vous disposez maintenant d'un outil pour vous aider dans ces situations.

La vie n'est pas un long fleuve tranquille

Vouloir que votre quotidien soit un long fleuve tranquille, c'est vous détourner de la véritable nature de la vie. Eckhart Tolle, auteur du livre *Le Pouvoir du moment présent*, explique la vie ainsi : « Un jour on naît, un jour on meurt. Entre ces deux moments, il y a la vie qui vous anime et qui fluctue. » J'aime ajouter à cette réflexion que c'est en observant la courbe de l'électrocardiogramme qu'il est possible de déterminer si vous êtes en vie grâce aux hauts et aux bas qui composent le graphique. Si vous souhaitez une courbe plane, c'est alors le signe que vous êtes « mort avant de mourir », comme l'a écrit Alexandre Jardin.

Quant à la mise en place de cette pratique dans votre quotidien, cela dépend de vous et de votre envie de transmettre cette méthode à vos enfants. Parce que plus vous la pratiquerez, plus vous serez apte à répondre aux questions de vos enfants la concernant. Je vous invite donc à lancer la formule Ho'oponopono dès maintenant, puis de tourner la page pour découvrir mes conseils pour enseigner cette pratique à vos enfants.

CHAPITRE 4

Transmettre Ho'oponopono à ses enfants

Transmettre aux enfants commence par une longue période d'observation. Cela signifie être à leur écoute, passer du temps avec eux et découvrir leurs centres d'intérêt. Il me paraît important d'établir ce lien avant de leur passer un message. Vous aurez parfois la sensation d'avoir échoué, aussi n'hésitez pas à recommencer d'une autre façon. Les enfants intègrent très vite les informations, malgré les apparences. En revanche, ils pourront mettre du temps avant d'exprimer ce qu'ils ont compris. Patience et persévérance sont les clés, mais l'ouverture du cœur est le plus important. Pour l'adulte que vous êtes, c'est l'apprentissage du don de soi, sans attendre quoi que ce soit en retour. Apprendre à donner pour le plaisir de transmettre.

Imiter pour mieux intégrer

Le jeu que les plus petits adorent est l'imitation des attitudes des plus grands. Profitez de cette aptitude en allant vous asseoir sur le tapis de jeu avec votre enfant, puis commencez à imiter ses gestes. De cette manière, vous créerez le lien avec lui. Ensuite, lorsque vous voyez votre enfant qui s'énerve, tape sur ses jouets, tord ses peluches, saisissez celle qui a été le plus martyrisée et commencez à la bercer. Récitez en vous « Désolé, pardon, merci, je t'aime », en boucle et en silence. Observez ce qui se passe ensuite. Vous pouvez commencer à chantonner les quatre mots, comme une berceuse, et répéter cette scène aussi souvent que possible. L'important est que l'enfant ressente la paix que vous créez en vous. Il vous faudra peut-être plusieurs tentatives avant de voir le calme s'installer. Mais en passant quelques minutes chaque jour dans cette énergie avec votre enfant, vous verrez se créer un autre type de lien avec lui. Même si votre journée au bureau a été longue, prenez ce moment avec votre enfant. Jour après jour, cet instant deviendra également indispensable à votre bien-être. De plus, l'enfant adore les rituels, et celui-ci permettra de développer le partage.

Le moment du repas peut quant à lui être un défi pour certains parents. Quand l'enfant éprouve des difficultés à manger, les parents se mettent à appréhender ces instants et la tension devient palpable. Là encore, usez du Ho'oponopono pour vous-même. Ne cherchez pas à donner cette énergie d'amour. Devenez d'abord cette énergie pour que votre enfant en profite. Puis observez ce qui se passe ensuite.

Le moment du coucher peut également être utilisé pour réciter en vous la formule Ho'oponopono, puis de susurrer ces mots, sous la forme d'une mélodie.

Bien sûr, je vous invite à garder cette attitude le plus souvent possible pendant la journée. Bondir du tapis en râlant après le téléphone qui se met à sonner ne serait pas très productif ! Si cela arrive, revenez à vous aussitôt en récitant en silence les quatre mots.

Pratiquer la méditation avec un bébé est aussi une belle expérience. Si votre enfant est sensible à la musique, choisissez un morceau de musique d'ambiance pour le diffuser en sourdine dans la pièce. Installez-vous confortablement et commencez votre séance. J'adore réciter en boucle « Désolé, pardon, merci, je t'aime » pour débuter la méditation. La présence du bébé d'une amie que je gardais m'a permis de constater à quel point notre pouvoir de diffuser de l'amour est puissant. Il ne s'agissait pas d'obtenir le silence absolu, mais d'être intégralement présent à cet instant. Je crois que c'est l'une des plus belles méditations que j'aie faites.

En vous voyant régulièrement dans ces états de méditation et de diffusion d'amour, vous vous ferez non seulement beaucoup de bien, mais votre enfant intégrera un modèle de comportement qu'il adaptera à sa personnalité.

La gratitude

Pour les plus grands, jusqu'à 5 ou 6 ans, il est important de respecter leur personnalité qui s'exprime tout en leur donnant les outils pour canaliser les émotions fortes qu'ils vivent. Les rituels, toujours eux, sont les garants du bien-être de votre enfant. Avoir une chambre où chaque chose est toujours à sa place renforce le sentiment de sécurité. Dans cet espace, vous pouvez disposer une boîte contenant des outils pour évacuer le trop-plein émotionnel. De la balle antistress au coussin défouloir, en passant par le tambourin, l'enfant sait qu'il peut utiliser ces outils pour évacuer sa frustration sans faire de mal à qui que ce soit. Lui laisser la possibilité de se poser dans le canapé ou ailleurs, sans avoir besoin d'allumer le téléviseur, est aussi un point clé. Pour cela, votre présence est indispensable, que ce soit en lui faisant la lecture, en l'aidant à faire un dessin ou en jouant avec lui. Puis terminez cette activité en rangeant avec lui le matériel et en exprimant votre gratitude pour ce moment passé ensemble. **Dire « Merci pour ce bon moment passé ensemble » à votre enfant, à l'univers, à vous-même, chaque fois que cela se produit, est une façon d'entrer dans l'énergie du Ho'oponopono.**

Créer et maintenir ce rituel chaque jour, ne serait-ce que pendant 15 minutes, vous permettra d'être entièrement présent à votre enfant tout en lui transmettant l'essence de la pratique hawaïenne… la gratitude.

Au moment du coucher, je vous invite à passer en revue avec lui les moments de la journée pour lesquels il aurait envie de dire merci : « Merci pour le repas à la cantine, merci pour la promenade avec mamie, merci pour le pain au chocolat. » Pour que cela fonctionne, commencez la séance de gratitude en remerciant pour ce qui vous est arrivé dans cette journée. En vous écoutant, votre enfant va comprendre que lui aussi a passé de bons moments qu'il sera prêt à partager. Clôturez cette séance avec un geste, une parole, que vous aurez définis ensemble. L'essentiel est qu'il y ait un début et une fin à ce rituel, comme dans une histoire.

Les séances de gratitude apportent une énergie positive. Elles vous mettent dans la vision du verre à moitié plein de l'existence. Même si les difficultés sont bien présentes, grâce aux séances de gratitude, elles ne monopolisent plus votre esprit, ni celui de votre enfant. De plus, en les réalisant avant de vous endormir, vous offrez à votre enfant la possibilité d'une nuit de sommeil dégagée des angoisses et du stress de la journée.

L'estime de soi

Le piège dans lequel certains parents tombent est de créer un environnement tellement protecteur que cela finit par fausser la perception de l'enfant sur ses capacités et sur le monde qui l'environne. Renforcer l'estime de soi de son enfant ne signifie pas lui faire croire qu'il est un excellent musicien alors qu'il ne fait que des fausses notes, ni lui faire croire que c'est un sportif de haut niveau alors qu'il n'arrive pas à battre le record de sa classe. Parce que lorsque votre enfant découvrira qu'il n'a ni le talent ni les capacités, il s'ensuivra une forte dépression, qui pourra l'amener à avoir un comportement violent envers lui-même.

Je parle plutôt de mettre en avant ses victoires… sur lui-même. D'où l'importance de bien connaître votre enfant, c'est-à-dire de l'observer et de l'écouter, puis de l'aider à expérimenter les meilleures façons d'exploiter son talent ou sa passion. L'estime de soi se nourrit de l'encouragement dès le plus jeune âge.

“En observant des parents australiens lors d'une excursion dans ce pays, j'ai compris comment on pouvait aider un enfant à se construire dans la confiance en lui. Nous étions en train de franchir un cours d'eau assez profond et il fallait sauter de pierre en pierre sur une distance d'une dizaine de mètres pour gagner l'autre rive. Une famille croisa notre chemin. La plus petite devait avoir 3 ans. Elle bondissait de pierre en pierre sous les « *Good job !* » de ses parents. Mes yeux se sont écarquillés pour regarder ce spectacle et mon premier réflexe a été de tenter de la rattraper. Mais heureusement, je me suis retenue. Elle s'appliquait tellement bien qu'en voulant la protéger, je n'aurais fait que briser la confiance qui se construisait en elle.”

Tous les enfants ne sont pas prêts à sauter des cours d'eau, mais vous pouvez découvrir ce qui met de la fierté dans les yeux de votre enfant. Puis encouragez-le comme vous le faisiez alors qu'il commençait à faire ses premiers pas. Il lui a fallu quelques chutes et des pleurs avant de réussir. Lui accorder la possibilité d'échouer sans le juger mais en l'encourageant est un immense cadeau à lui faire. Quand vous l'encouragez à recommencer, à regarder ce qu'il peut faire pour s'améliorer, votre enfant développe la persévérance et la patience. Célébrez avec votre enfant toutes ses victoires. Notez-les dans un cahier, avec des photos et la date de l'événement. Puis remerciez ensemble d'avoir été jusqu'au bout.

Apprendre la responsabilité

En aidant à développer les capacités naturelles de votre enfant, vous lui permettrez de mieux se connaître. Alors qu'il approche de ses 8 ans et qu'il découvre le monde qui l'entoure, c'est peut-être le bon moment pour lui parler de cette pratique que vous utilisez depuis plusieurs mois et qui vous aide quand vous êtes en colère, malheureux ou « pas content de ce qu'on vous a fait ». Lorsque vous expliquerez cette pratique, utilisez les mots et les phrases dont votre enfant se sert pour parler des émotions. Cela évitera les incompréhensions tout en vous mettant dans sa perspective. Puis expliquez comment, lorsque vous avez envie de pleurer, que ça ne sort pas et que ça fait mal, vous répétez « Désolé, pardon, merci, je t'aime » plusieurs fois en silence.

“ Ma voisine de 12 ans souhaitait que je lui apprenne comment être moins dissipée en classe. Je l'ai d'abord questionnée sur ce qu'elle ressentait. Qu'est-ce qui se passait dans sa tête ? Dans son corps ? Est-ce qu'elle avait repéré les moments où cela arrivait ? Ensuite, j'ai repris son propre vocabulaire pour expliquer la méthode.”

Ne cherchez pas d'autres mots que ceux de vos enfants pour expliquer Ho'oponopono et n'hésitez pas à répéter vos explications. Revoyez ensemble ce qui pose problème et donnez-lui le temps de mettre en place cette nouvelle habitude. Il n'y a pas d'échec dans cette pratique, simplement des ajustements. Vous pouvez profiter du moment de gratitude du soir avec le récapitulatif de la journée pour relancer Ho'oponopono sur ce qui lui semble encore difficile. Il suffit alors de laisser cette énergie agir en lui, en vous.

Grandir avec cet outil peut être une ouverture vers une meilleure connaissance de soi. Je considère qu'apprendre à s'observer, à repérer les moments où la rage, les pleurs ou la tristesse commencent à s'installer en lui, est un atout important pour un enfant. Cela lui permet d'être dans l'accueil des émotions et, petit à petit, de ne plus se laisser surprendre par son ressenti. Quand on se connaît mieux, on sort du jugement et la confiance grandit. En se voyant taper du pied après une remarque de son professeur, l'enfant a maintenant une clé pour se libérer de l'étreinte émotionnelle qui l'envahit. De plus, c'est à lui de décider de prononcer ces mots, il prend donc conscience de son autonomie. Le parent que vous êtes le protège et le nourrit, mais il devient peu à peu responsable de ce qui lui arrive dans sa petite existence. Avec Ho'oponopono, il a un outil pour intervenir sur ce qu'il ressent. Son choix de l'utiliser, ou pas, est de sa responsabilité. La vôtre étant d'être l'exemple en respectant son évolution intérieure.

Un temps pour écouter

Combien de pères ai-je entendu dire que leur enfant sera champion de tennis, de vélo ou de football alors qu'il ne savait pas encore marcher ? Combien d'enfants, une fois adolescents, se sont fâchés avec leurs parents alors que ces derniers disaient avoir « tout fait pour eux » ? La raison pour laquelle les conflits surgissent est souvent le manque d'écoute des parents. La plupart ne connaissent pas leur enfant, dans le sens où ils n'ont pas pris de temps de qualité avec eux pour découvrir, sans les juger, leurs passions et leurs amis. Assister aux spectacles de fin d'année ou aux compétitions sportives ne vous donne qu'un aperçu de ce qu'ils font en dehors de la maison, mais cela n'a pas grand-chose à voir avec ce qu'ils ont au fond d'eux. **L'écoute est le moyen le plus efficace de les connaître.**

Écoutez votre enfant exprimer son envie de lire une bande dessinée que vous trouvez trop violente pour son âge. Décidez ensuite de la lire avec lui pour voir ce qu'il en retient. Écoutez votre enfant qui souhaite enregistrer en vidéo sa prestation de gymnaste pour ensuite la poster sur les réseaux sociaux. Puis regardez-la avec lui pour comprendre ce qu'il en attend.

Quand votre enfant devient adolescent, il renvoie à ce qui vous dérange le plus. Il devient le miroir de vos angoisses cachées. Lorsque vous dites qu'il est de plus en plus insolent, manipulateur ou inconscient, vous parlez de votre propre expérience qui semble ressortir chez votre enfant.

Ce point mérite une explication.

Quand on vous montre une table ou une chaise, vous reconnaissez ces éléments et vous pouvez nommer ces objets parce que vous les avez déjà vus. Vous reconnaissez ce que vous connaissez déjà. Il en est de même pour les émotions et les attitudes que l'on voit chez l'autre. Lorsque vous reconnaissez la jalousie, la frustration ou la dépression, c'est que vous avez déjà expérimenté ces émotions et ces attitudes. Vous ne pouvez reconnaître chez l'autre que ce que vous avez déjà vécu. Vous allez donc définir l'attitude de vos proches en fonction de ces références acquises. La source des incompréhensions et des conflits vient surtout de votre interprétation des attitudes de votre enfant. Ce que vous considérez comme de l'insolence est peut-être un profond sentiment de colère, de vulnérabilité ou de timidité.

Mais votre expérience ne vous donne qu'une seule option pour reconnaître ce qu'exprime votre enfant. L'insolence. Cela peut vous amener à adopter un comportement qui n'est pas vraiment en rapport avec la réalité de ce qu'il vit. Lorsque vous êtes confronté au jugement vis-à-vis de votre enfant et que votre attitude semble amplifier les conflits, c'est parce que vous avez maintenu vos filtres ou vos mémoires en action. En utilisant « Désolé, pardon, merci, je t'aime » sur votre ressenti, vous vous dégagerez des mémoires qui limitent votre vision. Continuez de réciter cette formule dans votre silence intérieur alors que vous écoutez votre enfant qui devient un jeune garçon ou une jeune fille. Ainsi, non seulement vous vous dégagerez des *a priori* et du jugement, mais vous émettrez la paix qu'il ou elle ne peut atteindre à ce moment précis.

Un temps pour s'exprimer

Face à l'attitude des adolescents, les réactions peuvent devenir aussi fortes que la peur de perdre le contrôle… sur leur vie. L'amour semble disparaître de la maison. « Vous ne pouvez pas comprendre » semble être l'unique réponse de votre enfant à « On ne peut pas te laisser faire ça. »

Le Ho'oponopono traditionnel permettait de déclencher le dialogue dans un groupe ou une famille alors que les conflits ne trouvaient pas d'issue. Un médiateur, le père ou la mère de famille, dirigeait la séance en permettant à chacun de s'exprimer, sans violence, et en respectant les temps de parole. Ainsi, les membres de la famille apprenaient à s'écouter.

Dans notre société moderne, la tendance est de faire remarquer ce qui ne va pas chez l'autre et d'appuyer de plus en plus fort sur les points qui font mal en disant que c'est de cette manière que ça va changer. Si la punition est un moyen de faire comprendre que toute action a des conséquences, elle n'est pas l'unique ressource. Le dialogue est un outil puissant quand il est utilisé dans l'amour inconditionnel. Pour que cet instant d'échange soit efficace pour tous, il est nécessaire que les parents émettent autre chose que la colère ou le ressentiment pour sortir du chantage affectif en essayant d'obtenir gain de cause.

Rappelez-vous que vous êtes l'exemple !

Cette réunion est l'occasion de mieux se comprendre et d'échanger. En sortant de l'envie de convaincre votre enfant ou votre conjoint que vous avez raison, vous obtiendrez des solutions. Alors que si vous décidez d'entamer cette discussion dans le but d'imposer vos idées, vous aurez toute la famille contre vous.

Vous pouvez démarrer la discussion avec cette phrase : « Je vois que tu souffres et je respecte ce qui se passe en toi. Maintenant, si je peux aider de quelque façon que ce soit, je le ferai », ou encore : « Ton père et moi avons l'impression que tu vis quelque chose de particulier. Nous respectons cela. Maintenant, nous avons décidé cette réunion pour être sûrs que quoi qu'il t'arrive, tu puisses te sentir libre de nous demander de l'aide ou des conseils, au moment qui te conviendra. » Ainsi, vous laissez la porte ouverte, permettant à votre enfant de parler ou de disparaître dans sa chambre. Remarquez comment ces phrases évitent de parler de vos émotions, pour éviter toute manipulation, volontaire ou non. Remarquez aussi l'absence d'interprétation de ce que peut vivre votre enfant afin d'éviter d'amplifier le conflit.

L'important est que votre jeune garçon ou jeune fille sache que vous êtes présent et dans l'écoute. Quand il ou elle viendra vous parler, mettez en place « Désolé, pardon, merci, je t'aime » en silence et en boucle pour être sûr de rester dans l'écoute.

Une étape à la fois

Après avoir écouté chacun s'exprimer, sans interrompre l'autre à chaque point sensible abordé, vous verrez se lever le voile sur les incompréhensions, les interprétations, et prendrez conscience que ce mode de communication est en train de régler le problème. **Trouver des solutions ensemble est plus efficace que de trouver la solution pour l'autre.** Laissez votre enfant exprimer sa manière d'envisager les choses. Questionnez-le en parlant de vous, c'est-à-dire en utilisant le « je », comme « Je pense avoir compris, mais pour en être certain, est-ce qu'il s'agit bien de… », et évitez de commencer par le « tu » accusateur et « tu-eur » de lien. Beaucoup de problèmes de communication pourraient être effacés et réglés, à la maison comme au travail, si l'on prenait cette habitude.

Commencez par vous aimer

Si cet exercice vous semble fastidieux et que vous commencez à vous dire : « Si vous croyez que j'ai le temps de faire ça après le boulot », ou encore : « Je n'ai vraiment pas que ça à gérer, il y a plus urgent que ses états d'âme », ou encore : « Mais j'ai tout essayé, il préfère écouter ses copains, il ne m'aime pas, j'en suis sûr », cela signifie que vous n'êtes pas dans l'amour inconditionnel… de vous-même. En effet, la première personne à être touchée par ces reproches, c'est vous.

De plus, en remplaçant « Ça ne va pas dans cette maison à cause de toi » par « Je me sens incompris quand tu me parles ainsi » ou « J'ai l'impression d'avoir fait quelque chose de mal quand je te vois agir ainsi », vous exprimez votre ressenti sans jugement.

Mettre en place une nouvelle façon de communiquer peut s'effectuer par étapes. Tout d'abord, commencez la pratique du Ho'oponopono pour vous-même sur plusieurs semaines. Une fois que cela vous semble intégré, vous pouvez envisager de faire une réunion familiale autour d'un problème récurrent. Écoutez, observez et nettoyez en vous en récitant la formule hawaïenne. Allez-y par étapes, un élément à la fois. La meilleure façon d'échouer dans cette pratique serait de vouloir tout bousculer en un week-end et espérer que vos enfants changent d'attitude dans la foulée. Ho'oponopono signifie rendre droit ce qui va de travers… en soi, je vous le rappelle. Vous pouvez profiter de ces moments de partage pour expliquer la méthode hawaïenne, en évitant de dire « Tu devrais faire ceci ou cela », mais plutôt en présentant votre propre changement : « Depuis que je pratique Ho'oponopono, cela se passe vraiment bien avec mes collègues de travail. » Là encore, n'ayez pas d'attentes quant à la réaction de votre enfant. Je vous invite plutôt à le rendre curieux. Dans l'audience de mes conférences, je vois parfois de jeunes gens. Je m'applique alors à dire ceci : « Il m'importe peu de savoir si vous y croyez ou pas, l'important est que vous sachiez qu'il est possible de faire quelque chose sur ce qui arrive dans votre vie. Après, libre à vous d'essayer cette méthode. »

“J'aurais aimé avoir cette ouverture d'esprit pendant l'adolescence de ma fille. Mais heureusement, la vie s'est chargée de me faire comprendre cet aspect. Elle m'a fait lâcher les attentes et les mémoires de parent modèle en envoyant ma fille à des centaines de kilomètres de moi. Ainsi, j'ai appris à avoir confiance en ce que je lui avais appris enfant, et aussi en elle. J'ai lâché le contrôle sur sa vie pour apprendre à l'aimer véritablement. Cela ne veut pas dire que ce fut facile, cela signifie que c'est possible. Aujourd'hui, vous disposez du Ho'oponopono pour accéder à cette confiance, alors n'hésitez plus, utilisez-le.”

Et les réseaux sociaux, dans tout ça ?

Parce que les réseaux sociaux sont de plus en plus présents dans la vie des enfants, comme dans la vôtre, il me paraît important d'évoquer cette technologie. Les médias ne se lassent pas de transmettre les méfaits des réseaux sociaux. Entre le harcèlement et les détournements de mineurs, être parent d'enfant 2.0 est devenu très angoissant. Pourtant, plus on remet la responsabilité du mal-être de l'enfant ou les problèmes relationnels avec les adolescents, sur la présence et l'usage des réseaux sociaux, plus on s'éloigne de l'essence du Ho'oponopono et des solutions. De plus, lorsque vous pensez : « C'est à cause des téléphones mobiles que tout va mal », vous remettez votre bien-être dans les mains de ces appareils. Vous voilà en position de victime, et le sentiment d'impuissance grandit. Face aux réseaux sociaux, certains parents prennent peur et adoptent une attitude radicale en interdisant leur usage. D'autres se sentent dépasser et préfèrent fermer les yeux.

Un jeune homme qui s'offusquait des images d'une fête postées sur Instagram par ses amies, me regarda et me dit : « Il n'y avait pas cette débauche dans les boîtes de nuit à ton époque ? » Je lui ai répondu, après avoir vu les photos : « Si, c'était pareil mais comme il n'y avait pas de smartphones, il n'y a aucune trace de ces soirées. » Peut-être avez-vous l'impression que le comportement des individus a changé depuis l'apparition des réseaux sociaux, alors qu'en réalité chacun est plus exposé. Ainsi, il devient difficile d'échapper à ce que cela réveille en soi. Avec Ho'oponopono, je regarde les réseaux sociaux comme l'opportunité de lâcher mes *a priori* pour mieux comprendre la nature humaine.

Les enfants accordent facilement leur confiance aux autres adultes, car ils n'ont pas suffisamment de références. Leur courte vie ne leur a pas encore permis de développer la méfiance. Ils croient au Père Noël, regardent les films comme s'ils se déroulaient dans le monde réel et sont persuadés que tous les adultes sont des papas et des mamans prêts à prendre soin de leur petite personne. Je considère que les enfants marchent dans l'inconnu jusqu'à 15 ou 16 ans. Même si les réseaux sociaux vous amènent à penser qu'une petite fille de 8, 11 ou 13 ans qui poste une vidéo d'elle en train de se maquiller ou de danser sur son compte est consciente de l'image qu'elle renvoie, je peux vous affirmer que dans son univers, elle ne dispose pas encore de tous les paramètres. Elle est concentrée sur ses copines virtuelles, imite ce qui se fait autour d'elle, avec ses filtres d'enfant qui ne lui font voir que la princesse ou la star qu'elle est en train de devenir.

Aujourd'hui, il semble naïf de s'opposer aux réseaux sociaux, car ils deviennent incontournables dans notre système de communication et notre économie. Aussi, au lieu de rejeter ces outils, je vous propose de les regarder comme des révélateurs. Pour ce faire, voici l'exemple que donne Gary Vaynerchuk, un entrepreneur du XXIe siècle : « Si vous aviez au moins 20 ans dans les années 1990, vous devez vous souvenir de ces couples qui allaient dîner au restaurant sans se dire un mot de tout le repas. Aujourd'hui, ces mêmes couples passent le dîner les yeux rivés sur leur téléphone mobile et ne se disent toujours pas un mot, mais au moins, ils passent un bon moment avec YouTube ou Facebook. » Cela vous semble ironique et pourtant, c'est bel et bien ce qui arrive. Ces couples qui déjeunent ensemble tout en pianotant sur leur mobile sont aussi mal assortis que ceux qui ne se parlaient pas de tout le repas avant l'apparition des mobiles. Aujourd'hui, les Smartphones font ressortir leur inaptitude à être ensemble, ni plus ni moins. Ils ne sont pas la cause de la mésentente dans le couple mais le révélateur du malaise déjà présent.

Il en va de même pour la peur de voir son enfant se faire harceler sur les réseaux sociaux. La cour de récréation, du primaire au lycée, a toujours été l'expression de tous types de harcèlements. L'élève qui servait de bouc émissaire recevait autant de paroles et de coups qu'aujourd'hui. Cela continuait à la sortie de l'école, sur la route, dans les escaliers de l'immeuble ou dans le jardin du voisin. Si les enfants traînent moins dans la rue parce que les parents préfèrent les voir jouer à la console dans leur salon, le harcèlement, lui, continue d'opérer dans le monde virtuel. Lorsque les parents crient au loup et demandent la suppression de certaines plates-formes internet pour protéger leurs enfants, ils reportent sur d'autres un problème qui les concerne directement. Avant d'adopter une attitude radicale qui ne va pas résoudre le problème mais le déplacer, Ho'oponopono me semble essentiel pour trouver une solution plus adaptée.

Avant Internet, quand des camarades de classe se faisaient harceler, leurs parents les incitaient à trouver les moyens de se défendre par eux-mêmes. Ils n'intervenaient que dans les cas extrêmes. Parce que pour ces parents, apprendre à leurs enfants à trouver leurs propres ressources face à l'adversité était bien plus prometteur et protecteur pour son avenir… que d'aller gifler le professeur. Il n'est pas question de laisser le racket ou toute forme de violence proliférer autour de votre enfant, mais plutôt de le soutenir dans la découverte de ses propres forces et de l'accompagner dans ce chemin. De plus, en cessant de faire à sa place, vous prenez conscience que vous ne serez pas toujours à ses côtés. Il est important pour lui de savoir s'en sortir seul, pour continuer de nourrir l'estime de soi et de laisser grandir la confiance en ses propres capacités.

Notre responsabilité d'adulte est de permettre aux enfants d'explorer leur créativité tout en leur donnant des indicateurs. Expliquer les dangers d'Internet est l'une des approches. Ensuite, développer l'écoute, encore elle, pour les aider à déambuler dans cet univers. Il est important de créer un rapport de confiance avec votre enfant pour qu'au moindre doute, il puisse prendre la décision de couper la connexion ou vous demander votre avis. Telle est la véritable force de la pratique hawaïenne, développer l'écoute et la confiance.

L'envie d'interdire peut vous sembler la seule issue, mais alors à condition de proposer une autre activité intéressante. Les heures de jeu vidéo peuvent se transformer en sortie dans un endroit que votre enfant adore particulièrement comme le skatepark ou la piscine. Les enfants évoluent avec ce monde virtuel dans lequel ils semblent parfaitement à l'aise. Peut-être que cet univers vous effraie parce que vous ne le comprenez pas. Peut-être que le moment est venu de vous mettre à ce jeu en ligne dont votre fils parle si souvent, ou d'ouvrir votre compte sur ce réseau qui amuse tant votre fille. La pratique de Ho'oponopono peut vous aider à sortir des peurs de l'inconnu, de l'incompréhensible et de l'incontrôlable. Le monde réel et virtuel appartient à nos enfants. Vous ne pouvez savoir ce que l'avenir leur réserve car cet univers va encore évoluer, mais aujourd'hui il est possible de leur transmettre un outil pour leur permettre de grandir dans la confiance en leurs propres capacités. En développant chaque jour la pratique du Ho'oponopono, vous allez imprégner votre quotidien et votre attitude de son énergie bienveillante. L'éducation qui se fera sous cette lumière accompagnera vos enfants toute leur existence. L'amour inconditionnel qui en découlera, est le plus bel héritage que vous puissiez leur transmettre.

POUR RÉSUMER LA MÉTHODE HO'OPONOPONO

La formule du Ho'oponopono est composée de quatre mots : « Désolé, pardon, merci, je t'aime », que l'on récite en soi, en silence et en boucle.

Ces mots ont une signification.

« Désolé, je prends du recul face à ce qui arrive. Pardon, je me pardonne de me retrouver dans cette situation. Merci, une mémoire dont je n'ai plus besoin se révèle. Je t'aime, je m'envoie de l'amour pour me libérer de l'ancien schéma comportemental. »

Vous pouvez déclencher ce mantra intérieur quand vous vivez un conflit, quand vous recevez une mauvaise nouvelle ou quand vous vous sentez mal à l'aise. La décision de réciter, ou pas, la formule vous revient.

C'est toujours vous qui décidez du nombre de fois où vous répéterez cette formule. « Je m'arrête de réciter Ho'oponopono lorsque je sens mon souffle revenir ou que ma respiration se libère. » Vous pouvez trouver vos propres indicateurs.

Ces mots n'ont pas besoin d'intention. C'est-à-dire qu'il est inutile d'« être en conscience » ou d'« émettre une intention d'amour ». Ces mots sont là pour vous aider à couper la rengaine désagréable de votre mental qui cherche à contrôler la situation. De plus, quand vous décidez de réciter ces mots, c'est parce que vous vivez des moments difficiles, que vous ressentez des émotions tout aussi difficiles et que vous n'êtes pas dans la capacité d'émettre autre chose en cet instant.

Laissez les mots faire le nettoyage intérieur.

L'objectif de cette pratique est de vous permettre de retrouver le lien avec votre Moi profond, votre être supérieur ou votre enfant intérieur. Une fois la connexion réalisée, l'inspiration arrive et les solutions se profilent. Elles peuvent prendre toutes les formes et n'ont pas de délai d'exécution. N'attendez rien d'autre de cette pratique que d'être ici et maintenant, ouvert à tous les possibles.

L'observation de votre attitude et la confiance en la vie se développent avec cette pratique.

Pour intégrer Ho'oponopono au quotidien, récitez « Désolé, pardon, merci, je t'aime » quand tout va bien et autant de fois que vous le voulez. Lors d'une balade en forêt, en faisant du vélo d'appartement, en montant les escaliers, en allant chercher les enfants à l'école. La pratique est le meilleur moyen de l'intégrer. Faites en sorte que ça devienne un automatisme tout en vous coupant du bla-bla quotidien du mental.

En étant dans cette pratique pluriquotidienne, vous prenez la responsabilité de changer votre réaction face aux différentes situations qui se présentent. Le changement de votre existence se fait pas à pas, nettoyage après nettoyage. Vous devenez acteur de votre vie.

La transmission du Ho'oponopono se fait dans l'exemple et en laissant l'amour inconditionnel prendre de plus en plus de place en vous. Votre entourage familial va ressentir cette énergie bienveillante.

Vous allez apprendre à observer ce qui se passe en vous et autour de vous. De cette attention va surgir la prise de conscience que ce monde dans lequel vous évoluez a sa part d'ombre et sa part de lumière, et qu'il est le reflet de votre vie intérieure. Le jugement s'éloigne de votre quotidien pour laisser place à la réalisation de vos projets, ces derniers surgissant dans ce nouvel espace que vous venez de libérer.

CONCLU-SION

Être parent avec Ho'oponopono, c'est prendre la décision de regarder le verre à moitié plein de l'existence pour mieux surmonter les épreuves. C'est être le gardien de cette sérénité qui disparaît trop souvent pendant les crises, c'est observer de l'intérieur le magnifique mouvement de la vie et s'ouvrir aux possibles, c'est nourrir la paix alors que se déroulent des drames, et c'est reconnaître ce grand privilège qui est d'élever des enfants.

Le bébé qui a évolué sous vos yeux devient un être doué de réflexion, il a été nourri par les expériences de son entourage et sa personnalité s'est développée en acceptant des mémoires. Lorsqu'à son tour il sera adulte, libre à lui de garder ou de lâcher ces mémoires. Mais en lui donnant comme exemple votre attitude de nettoyage face aux conflits, il a quelque part en réserve cette image et cette connaissance que tout peut se transformer à tout moment.

Il n'y a rien de plus tranquillisant pour chaque père et chaque mère que d'avoir l'assurance que leur enfant a en lui le pouvoir de changer son existence et d'être acteur de sa vie. Et c'est encore plus réconfortant de savoir que c'est vous qui lui avez transmis.

J'ai l'honneur d'être maman d'une fille qui est aujourd'hui devenue une femme et qui vit de l'autre côté de la planète. Ça a parfois été douloureux et à d'autres moments merveilleux. Même sans la technologie qui permet de se contacter à n'importe quel moment, je constate à quel point nous sommes connectées. Le lien qui perdure avec nos enfants peut être construit dans l'énergie d'amour ou dans l'énergie du contrôle. Il y va de votre choix. J'ai choisi d'apprendre à émettre de l'amour inconditionnel. Plus je nettoie en moi, mes angoisses et mes craintes, plus je vois ma fille s'épanouir. Aujourd'hui encore, lorsque s'envole l'une de mes peurs, ma fille fait écho à ce nettoyage intérieur et son retour me surprend toujours. Je suis sans attentes lorsque j'utilise Ho'oponopono, mais présente aux opportunités, et elles sont toujours magnifiques à observer.

Maintenant, c'est à vous. Prononcez en silence « Désolé, pardon, merci, je t'aime » et laissez-vous transporter par la magie du Ho'oponopono.

DU MÊME AUTEUR

Le Grand Livre de Ho'oponopono (Jouvence éditions, 2012)

Vivre avec Ho'oponopono (Guy Trédaniel, 2012)

Ho'oponopono, 30 formules de sagesse pour guérir des conflits (Guy Trédaniel, 2014)

4 clés pour réaliser vos rêves avec Ho'oponopono (Guy Trédaniel, 2014)

Ho'oponopono, évoluer en toute liberté (Guy Trédaniel, 2014)

Ho'oponopono et le couple (Guy Trédaniel, 2015)

Vivre avec Ho'oponopono, découvrez votre mission de vie, avec Luc Bodin (Guy Trédaniel, 2015).

Les 7 tremplins du succès (Guy Trédaniel, 2016)

Je crée ma vie en 21 jours avec Ho'oponopono (Guy Trédaniel, 2016)

La Maison miroir (Guy Trédaniel, 2017).